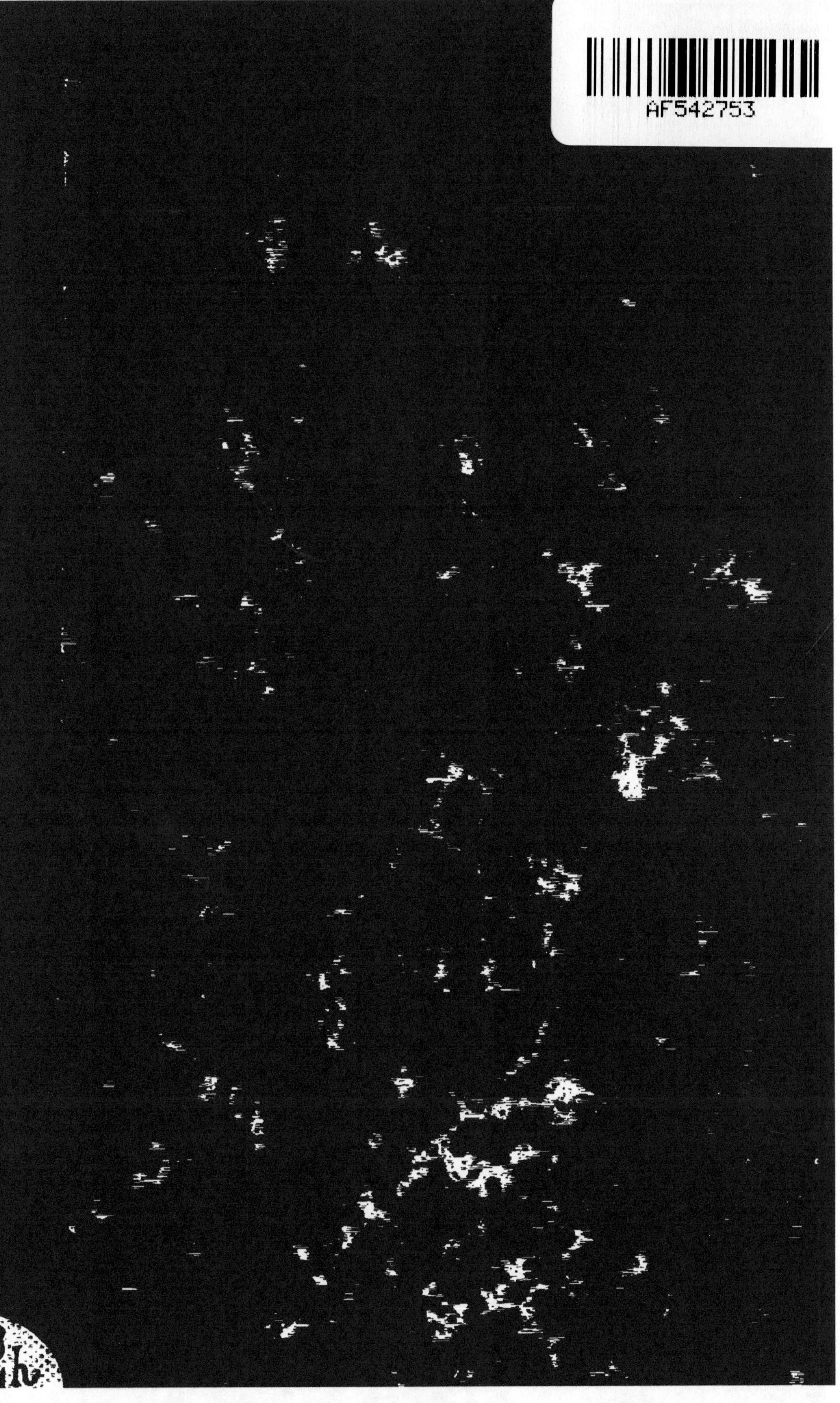

SOUVENIRS

D'UN DEMI-SIÈCLE

RACONTÉS

PAR UN GRAND-PÈRE A SON PETIT-FILS.

1858.

CHALONS-SUR-MARNE, IMPRIMERIE E. LAURENT.

Mon petit Ami,

Tu aimes les histoires et surtout les histoires de guerre; eh bien! je vais t'en raconter. J'ai vécu à une époque féconde en grands évènements; quand j'étais à ton âge, on ne voyait que soldats, on ne parlait que de batailles et de victoires. Ce temps glorieux, qu'il ne faut pas toujours confondre avec le bon temps, a été suivi de jours bien tristes; à des succès inouis ont succédé des revers cruels: les uns et les autres m'ont impressionné si fortement, qu'après un demi-siècle, ma mémoire en a conservé les plus vifs souvenirs. Quand on est vieux, on aime à revenir sur son jeune âge, souvent même on abuse de cette tendance; quitte à mériter ce reproche, je veux te raconter ce que j'ai vu des grandes choses de mon temps et les impressions que j'ai éprouvées.

J'étais un bien petit témoin de ces grands évène-

ments; néanmoins, comme personne n'échappait à leur influence, et qu'ils exerçaient leur pression sur les plus humbles familles, j'en ai ressenti les atteintes. Ce que j'ai vu, c'est ce qui se passait dans nos rues et dans nos maisons, pendant que les destinées de la France se jouaient sur les champs de bataille; ce sont des scènes intimes et des détails d'intérieur qui auront pour toi un double attrait, puisque tu y trouveras tes deux grands pères, qu'un caprice assez bizarre de la providence avait réunis dans les circonstances les plus critiques; et quand tu seras devenu grand et que tu connaitras l'histoire de ton pays, tu trouveras peut-être qu'il est parfois intéressant d'étudier les grands évènements par leur plus petit côté.

SALLE.

CHAPITRE PREMIER.

L'Armée.

Il y a cinquante ans, les voies de communication n'étaient ni aussi nombreuses, ni en aussi bon état qu'elles le sont aujourd'hui. Pour se rendre de Paris en Allemagne, il n'y avait qu'une seule grande route, partant de la capitale jusqu'à Châlons, et là se bifurquait pour gagner le nord de l'Allemagne par Metz et Mayence, et l'Allemagne méridionale par Nancy et Strasbourg. Notre ville était donc le passage obligé de toutes les troupes qui de Paris se dirigeaient sur l'Autriche, sur la Prusse et sur la Russie. Aussi, pendant les guerres de la révolution et de l'empire, on peut dire littéralement que la quantité de soldats qui ont traversé notre pays est innombrable. Tous ces hommes, soit isolés, soit en corps, étaient logés chez les habitants. Ces logements de guerre étaient si répétés qu'on les pouvait dire à peu près continuels ; ils étaient entrés dans les habitudes, on était disposé pour cela et ils ne causaient pas la gêne et l'embarras que l'on y trouverait aujourd'hui. D'ailleurs, toutes ces troupes répandaient de l'argent : le gouvernement ayant le soin de ne payer, qu'à leur rentrée en France, l'arriéré de la solde qui leur était due pendant la campagne ; officiers et soldats le semaient sur la route et vivifiaient le commerce ; tout le monde en profitait, et, somme toute, ce temps de passage a été une ère de prospérité pour notre ville.

Aujourd'hui on ne voit presque plus de passages de troupes. Le chemin de fer emporte les bataillons, leur fait franchir cent lieues en un jour et les rend de suite à leur destination. Dans ces dernières années, avant l'établissement des chemins de fer, les routes étaient multipliées; pour ne pas fatiguer les villes et pour répartir les charges aussi également que possible, on divisait un régiment en trois ou quatre fractions et encore souvent ces fractions ne suivaient pas la même ligne. Sous l'empire on n'avait pas ces petites attentions; d'ailleurs, la chose n'eût pas été possible, on n'avait pas le choix des routes, puisqu'il n'y en avait qu'une, il fallait la suivre. Les régiments marchaient tous leurs bataillons ou leurs escadrons réunis; aussi, leur entrée en ville avait-elle quelque chose de solennel et d'imposant. Il fallait que le temps fût bien mauvais pour que le régiment ne fît pas sa toilette et ne se mît pas en tenue. La population répondait à cette courtoisie par son empressement à aller au devant de lui ou à se porter sur son passage.

Il y avait alors des usages qui ont disparu, et je me rappelle un détail grotesque qui m'amusait beaucoup. On voyait en ville beaucoup de décrotteurs; c'était un métier assez lucratif pour des enfants de douze à quinze ans. Ils portaient, suspendu à leur épaule, par une corde, un petit coffre en bois, que l'on appelait sellette, et qui servait à renfermer les brosses et le cirage et à appuyer le pied de la pratique. Les militaires de passage étaient la meilleure clientelle de ces industriels; aussi, avant que la cloche n'ait sonné l'alarme, étaient-ils tous rendus sur la route, où le régiment devait faire halte pour s'approprier avant de rentrer en ville. Ils jouaient un rôle fort important dans cette toilette de bivouac, et quand leur office était rempli, pendant que le régiment reformait ses rangs, les décrotteurs se réunissaint en tête, précédant les sapeurs, et avec deux brosses à manche, ils battaient la marche sur leur sellette, avec un entrain et un ensemble qui auraient fait honneur aux vieux tambours du régiment. Je reconnais encore, dans quelques vieux portefaix de notre ville, les petits tambours de cette époque.

Les passages de troupe n'ont pas été toujours uniformément les mêmes, les circonstances leur donnaient quelquefois un caractère spécial. Ainsi, le plus ancien de mes souvenirs remonte à l'armée d'Austerlitz partant du camp de Boulogne pour se rendre sur le Danube (septembre 1805). Elle voyageait par divisions. J'allais à une petite école dans la rue de Latouche, et la bonne religieuse qui la tenait avait la complaisance de mener ses bambins au bout de la rue pour voir passer les soldats entrant par la porte Saint-Jacques. C'était bien beau, pour des petits garçons, de voir trois ou quatre régiments, avec leurs musiques, se succéder sans interruption. Les logements étaient quadruplés dans chaque maison. Mon père reçut, en sus de l'officier qu'il logeait habituellement, huit ou dix soldats qu'il plaça ou il put. On leur dressa des lits dans un cabinet obscur où l'on remettait le bois pour l'hiver. Ils n'étaient pas difficiles et ils se trouvèrent encore mieux là qu'au bivouac ou sous les tentes du camp de Boulogne.

Deux ans après, dans le mois d'août 1807, cette armée revenait en France. L'empereur, dans une de ses fameuses proclamations, avait dit aux soldats qu'ils ne devaient rentrer que sous des arcs de triomphe; il leur tenait parole. On rendait à chaque régiment des honneurs inusités. La porte Sainte-Croix était décorée de guirlandes de feuillages et de médaillons entourés de verdure sur lesquels étaient inscrits les hauts faits de cette armée, la plus brave, la mieux aguerrie et la mieux commandée qui fut jamais. Autour des noms immortels d'Austerlitz, d'Iéna, d'Eylau et de Friedland, se groupaient les noms de vingt autres combats toujours heureux, toujours glorieux. Les autorités attendaient la troupe à l'entrée de la ville. Le maire adressait un petit discours au colonel, en lui offrant une branche de laurier ; et l'on attachait une couronne au drapeau, ou plutôt au débris qui en tenait lieu, car il ne restait souvent que quelques guenilles décolorées au-dessous des fragments de l'aigle. Je me rappelle avoir vu un de ces drapeaux dont l'aigle avait été enlevée presque complètement par un boulet ; le reste ne tenait plus que par une lame assez étroite au socle qui le supportait. Plus le drapeau était mutilé, plus il semblait beau ; ces mutilations donnaient la mesure des dangers qu'avait courus le régiment et des pertes qu'il avait essuyées ; les soldats en étaient fiers et la population applaudissait, avec enthousiasme, à la vue de ces preuves incontestables de leur bravoure et de leur dévouement. La fête était complétée par une distribution extraordinaire de vin à toute la troupe.

Au printemps de 1809 un autre spectacle nous était offert. Pendant que l'empereur et son armée étaient au fond de l'Espagne, l'Autriche avait déclaré la guerre et était venue fondre sur la Bavière qui nous était alliée. Pour la secourir plus promptement l'empereur avait voulu que l'armée voyageât en poste. Voici comment les choses se passaient. Les fourriers des régiments arrivaient le matin, recevaient les billets de logements et les remettaient à leur adresse. Les habitants étaient obligés, avec ce billet, d'aller chercher les vivres et de les faire cuire ; ces billets étaient ensuite repris par les fourriers et ils les distribuaient au régiment qui arrivait vers midi ; les soldats, en entrant dans leurs logements, trouvaient la table mise et leur soupe préparée ; aussitôt leur repas pris, ils se remettaient en route. A la sortie de la ville, ils trouvaient depuis la porte Sainte-Croix jusqu'à la fourche de Saint-Memmie une longue file de charrettes qui avaient été requises dans les campagnes voisines. En quelques minutes, tout le monde était monté et casé tant bien que mal. On partait avec toute la rapidité qu'on pouvait attendre de chevaux de culture qui n'étaient pas, à beaucoup près, ce que sont aujourd'hui les chevaux de nos campagnes, et qui avaient bien besoin d'être stimulés; mais cette stimulation ne leur manquait pas ; au fouet des conducteurs se joignaient assez souvent les sabres et les bayonnettes des soldats. Avec ce système, les régiments doublaient l'étape sans trop de fatigue ; en faisant quinze à vingt lieues par jour, ils arrivèrent en Allemagne assez promptement pour sauver Munich, vaincre les Autrichiens à Ratisbonne, et entrer dans leur capitale dans les premiers jours du mois de mai.

Le retour de cette armée a été signalé par des cérémonies d'un autre genre. Le corps du maréchal Lannes, tué à Esling, était ramené à Paris, en recevant, sur toute la route, les plus grands honneurs. On allait au-devant du char funèbre avec le plus grand appareil militaire possible, le clergé l'attendait aux portes de la ville et on le conduisait à la cathédrale. Au milieu du chœur on avait dressé un catafalque (qui sert encore aujourd'hui dans toutes les grandes cérémonies funèbres) ; on y déposa le cercueil qui, après avoir passé la nuit dans l'église, fut, le lendemain matin, reconduit jusqu'aux portes de la ville avec le même cérémonial.

En partant pour l'expédition de Russie, les régiments étaient nombreux, bien habillés et parfaitement organisés. Ils voyageaient dans les conditions ordinaires sans savoir où ils allaient. Le secret de cette immense et funeste entreprise avait été assez bien gardé pour que les officiers et les soldats, comme le peuple de toutes les classes, en fussent réduits à des conjectures, et il s'en faisait de bien folles, puisque je me rappelle avoir entendu des gens soutenir que cette armée allait traverser la Turquie pour attaquer l'Inde anglaise. Les hommes raisonnables prenaient ces propos pour ce qu'ils valaient, mais en voyant dans les équipages du train des appareils insolites, tels que des fours portatifs, des moulins à bras, des pompes à incendie, on sentait qu'il se préparait quelque chose d'extraordinaire et on éprouvait une vague inquiétude qui se dissipa quand on connut le but précis de si grands préparatifs et quand on apprit les premiers succès de la campagne.

Ces beaux régiments étaient, hélas! les derniers que nous dussions voir. Depuis, il est encore passé, dans notre ville, beaucoup de soldats, mais ce n'étaient plus que des détachements plus ou moins nombreux de jeunes conscrits qui allaient remplir les vides faits par la guerre. De temps en temps seulement, dans l'année 1813, on vit arriver quelques régiments complets de la jeune garde, formés de conscrits pris dans les récentes levées et incorporés dans des cadres de vieux soldats. Ces régiments de nouvelle formation, qui se multipliaient sous les noms de voltigeurs, de flanqueurs, d'éclaireurs et de tirailleurs, avaient des costumes plus élégants que l'infanterie de ligne. Ces uniformes coquets étaient une petite consolation donnée aux jeunes gens enlevés à leur famille par la conscription qui pesait alors d'une manière bien dure sur le pays. Il n'y avait plus besoin de tirer au sort; tous les hommes valides étaient pris; les exemptions légales étaient illusoires; la guerre se présentait sous un plus triste aspect, les victoires même faisaient trembler parceque l'on savait qu'elles allaient être suivies d'un appel nouveau. Aussi, le peuple par un mauvais jeu de mots, appelait-il le *Te Deum* que l'on chantait pour remercier le ciel des succès de nos armes, un *tue des hommes*. A la fin de cette année, on ne se donnait plus le temps d'habiller les conscrits; ils recevaient un schako et une capote et ils partaient immédiatement pour rejoindre. Pendant la route, après avoir marché toute la matinée pour faire leur étape, ils étaient réunis l'après-midi pour faire l'exercice et apprendre au moins à tenir et à charger leur fusil.

C'est dans cette année que l'on organisa les régiments de garde d'honneur, dans lesquels s'enrôlèrent beaucoup de très jeunes gens poussés, il faut le dire, moins par un enthousiasme belliqueux et le dévouement à la patrie, que par l'attrait d'un costume élégant de hussard, par le désir d'entrer dans un corps d'élite auquel on promettait quelques priviléges, et par la certitude de ne pas échapper un peu plus tard à la nécessité de devenir soldats. Oh! alors les temps n'étaient plus heureux. On tremblait dans les familles où il y avait des jeunes gens qui touchaient à l'âge de la conscription, et l'anxiété était encore plus grande dans celles dont les enfants étaient à l'armée. J'ai conservé le plus triste souvenir d'un bon et joyeux ouvrier, fils de femme veuve, qui faisait retentir le quartier de ses chants continuels jusqu'au moment où il fut atteint malgré son exemption légale. Ce pauvre Louis, quoique doué d'une constitution propre à faire un soldat fort et vigoureux, n'avait pas la vocation militaire. Aux chants joyeux succéda la tristesse la plus profonde; il ne pouvait parler sans que ses yeux se remplissent de larmes. De tristes pressentiments semblaient l'assiéger, ils n'étaient pas trompeurs, car il a été tué à Arcis-sur-Aube.

Un jour cependant de ces temps lugubres, il nous a été donné de revoir un beau passage de troupes. La vieille garde toute entière, réunie en corps d'armée, traversa notre ville. Après avoir couché, elle repartit le lendemain à la pointe du jour. C'était une matinée froide et brumeuse de la fin de janvier. J'entends encore bourdonner à mes oreilles ses nombreux tambours détendus par l'humidité ; je vois ces figures sévères, ces allures martiales, ces vêtements fatigués et ces bonnets roussis aux feux des bivouacs. C'était un spectacle bien imposant, relevé encore par les espérances qui se rattachaient à ce corps d'élite, dont la réputation était si haute et qui allait si bien la justifier. J'accompagnai ces grenadiers jusqu'à la porte Sainte-Croix. Là ils changèrent leur ordre de bataille pour marcher par le flanc sur deux lignes suivant les accotements de la route ; tous, sans exception, relachant la bretelle de leur fusil pour la placer sur l'épaule, portaient cette arme paralèlement au corps, le canon en bas et la crosse en l'air ; l'expérience leur avait probablement appris que cette manière était la moins fatigante. En voyant défiler l'artillerie légère de cette garde, on observait que tous les canonniers du premier rang étaient décorés de l'étoile de la Légion d'honneur. Dans un temps où cette croix n'avait pas encore été prodiguée, cette réunion de braves distingués était remarquable.

Après le passage de la garde, on ne vit plus d'autres troupes à Châlons que le corps d'armée qui devait défendre la ville.

CHAPITRE II.

L'Empereur.

Notre position géographique et la direction des routes qui nous ont fait voir tant de soldats, nous ont valu aussi de fréquents passages de l'Empereur. A ma connaissance, pendant cette période décennale de l'empire, il a traversé notre ville douze ou treize fois et presque toujours il y a couché une nuit. Mais il ne faut pas croire que ces passages ressemblaient aux voyages d'apparat que nous avons vu faire, plus tard, par nos princes et nos rois. Je n'ai vu qu'une seule fois une réception solennelle, suivie de fêtes publiques, et ce n'était pas l'Empereur qui en était l'objet ; c'était Marie-Louise, la future impératrice.

Elle arriva au printemps de 1810. Depuis plusieurs jours elle était attendue par le régiment de dragons de la garde impériale qui, après cette époque, je crois, a pris le nom de dragons de l'Impératrice. Pour la recevoir, il s'était mis, bien entendu, dans sa plus grande tenue. On admirait surtout sa musique et son timballier : la mode du temps était de donner à ce musicien un costume de fantaisie ; c'était un tout jeune homme, beau et bien fait, coiffé d'un turban orné de plumes et de panaches, couvert de soie et de broderies d'or dans le goût oriental, et porté, ainsi que ses timballes, par un cheval richement caparaçonné. Après avoir couché à la préfecture, l'Impératrice traversa toute la ville en partant. Elle suivit les rues Sainte-Croix, Croix-des-Teinturiers, d'Orfeuil, la place de Ville et la rue Saint-Jacques. Monté sur une borne de la rue Croix-des-Teinturiers, je la vis parfaitement ; elle était blonde, grasse et fraîche. En passant devant Notre-Dame, elle s'arrêta un instant, le clergé l'attendait devant le portail de la rue de Vaux ; je ne sais pas si une harangue lui fut adressée, mais je suis certain qu'elle fut encensée. Elle sortit par la porte Saint-Jacques, en se dirigeant sur Compiègne où l'Empereur l'attendait.

La journée se termina par des réjouissances publiques. Une grande table avait été dressée dans le cours d'Ormesson pour recevoir les dragons de la garde. Après le banquet il y eut danses, mât de Cocagne et feu de joie. Dans ce temps là, c'était la pièce fondamentale de toutes les fêtes. Entre le pont du cours d'Ormesson et la grande allée du Jard, on dressait un mât, autour duquel on accrochait une centaine de fagots ; les élèves formaient le carré autour de lui, et les principales autorités, le préfet, le général commandant le département, le maire de la ville et le président du tribunal, s'avançaient chacun de leur côté, une torche de résine enflammée à la main et mettaient le feu aux quatre coins. Les flammes dévoraient ce bûcher aux sons de la musique de l'école.

Les passages de l'Empereur, même dans les temps les plus heureux, n'étaient remarquables que par l'empressement de la population à se porter au-devant de lui. Je ne me rappelle que d'un arc de triomphe en toile peinte que l'on éleva une fois à Bagatelle, à l'extrémité de l'allée Sainte-Croix. D'ailleurs on n'avait pas les éléments d'une réception bien brillante. Ce sont toujours les militaires qui donnent de l'éclat à ces fêtes, et dans ce temps là ils étaient employés ailleurs ; il n'y avait ni garnison, ni garde nationale. Pour toute force armée, il y avait à Châlons une petite compagnie de garde départementale, habillée en blanc et casernée rue Sainte-Croix, nº 8, et une brigade de gendarmerie qui logeait tout près de la garde départementale, au nº 14 ; puis les élèves de l'école, dont la moitié environ étaient armés. Pour un moment on organisa une garde d'honneur ; elle était formée d'une vingtaine de jeunes gens, dont le costume se composait d'une culotte blanche, d'un frac vert, et d'un chapeau à cornes orné d'un plumet; pour toute arme, ils portaient l'épée. Leur tournure n'était pas martiale; avec leur costume étriqué et leur épée à la main, ils marchaient comme des pantins mus par des ressorts, et prêtaient trop à rire pour durer longtemps. Un peu plus tard, on voulut former une garde à cheval ; elle fut encore moins nombreuse que la précédente, mais, au moins, son costume était plus gracieux, c'était un uniforme de hussards, blanc et fort élégant. Avec les habitudes de l'Empereur, ces gardes d'honneur avaient un bien petit rôle à jouer. Il était toujours pressé et il aimait à voyager rapidement. Il traversait les rues de la ville au grand galop, paraissant se soucier fort peu des acclamations qui retentissaient sur son passage. Il était dans une voiture de voyage toute simple, qui se reconnaissait au nombre des chevaux et à la présence, sur le siége, du fameux mameluck Roustan, dont le nom était très populaire dans ce temps là. Il fallait voir avec quelle avidité les yeux de la foule cherchaient à distinguer au fond de la voiture les traits de l'homme dont on parlait tant, et combien semblaient heureux ceux qui avaient été favorisés par un mouvement qui avait dirigé sa tête de leur côté.

Deux fois, dans mon enfance, j'ai eu cette bonne fortune. Dans une belle soirée d'été, si je ne me trompe, en 1809, l'empereur devait arriver par la route de Vitry; les autorités l'attendaient à la porte Sainte-Croix et les élèves formaient la haie en présentant les armes, les schakos placés sur les bayonnettes. La voiture s'arrêta sur le pont et le maire prononça un petit discours. J'avais été assez heureux pour rester appuyé contre le parapet du pont; en montant dessus, je vis parfaitement l'empereur, écoutant le maire, la tête à la portière de la voiture. Cette tête, qui commandait à l'Europe et que poétiquement on croyait couronnée de lauriers si glorieux et si bien mérités, était tout bourgeoisement enveloppée dans un mouchoir de poche à fonds rouge. Après avoir répondu quelques mots au maire, il entra en ville et arriva promptement à la préfecture.

Quelques années plus tard, au mois de janvier 1814, l'empereur était depuis trois ou quatre jours à Châlons où il avait établi son quartier général. Il y avait un peu de neige sur la terre et j'étais allé chasser des petits oiseaux dans les bouquets de bois qui bordent la route de Sarry; car un des priviléges de ce temps-là, pour les petits garçons, c'était d'avoir des armes et de la poudre à discrétion. En rentrant en ville, vers midi, je rencontrai devant la préfecture, une douzaine de personnes groupées et disant que l'empereur allait partir : effectivement il y avait plusieurs voitures dans la cour et un instant après celle de l'empereur sortit au pas. Napoléon avait la tête à la portière et parlait, avec animation, à un officier d'état-major qui suivait le mouvement de la voiture. Il était encore coiffé d'un mouchoir de poche de couleur. Il faut croire qu'il trouvait cette coiffure commode pour voyager. On dit que lorsqu'il souriait, sa figure s'animait et prenait une expression gracieuse; ce jour-là, il ne riait pas, il avait plutôt l'air colère; il était pâle et ses traits accentués paraissaient sévères jusqu'à la dureté. Je le suivis à quatre pas de distance depuis la porte de la préfecture jusqu'à la rue Saint-Martin, en me repaissant de son image. Arrivé là, sur un signal donné par l'officier aux postillons, les chevaux partirent au galop, et il quitta notre ville pour la dernière fois. Le lendemain, il prenait l'offensive à Saint-Dizier et deux jours après, il était victorieux à Brienne.

CHAPITRE III.

L'Invasion.

Les armées ennemies étaient entrées en France le 1er janvier, ne trouvant pas de résistance, elles marchaient sur Paris par journées d'étape. La guerre s'avançait sur nous avec son sinistre cortége, précédée de sa plus cruelle compagne, la peste qui, sous le nom de typhus, décimait l'armée et les populations.

Le typhus nosocomial ou typhus nostras est la peste de nos contrées et elle n'est pas moins meurtrière que la peste d'Orient. Dans le mois de janvier 1813, elle a fait 52,000 victimes à Wilna. Du Niemen au Rhin en 1813 et du Rhin à Paris en 1814, elle a laissé des traces terribles sur son passage. Tous ces jeunes conscrits, bientôt épuisés par les fatigues et les privations, lui fournissaient de nombreuses victimes; elle a fait périr plus de soldats que le feu de l'ennemi. L'armée portait la contagion dans les pays qu'elle traversait, Châlons ne pouvait pas éviter ses atteintes; aussi, dès la fin du mois de novembre, l'hôpital étant insuffisant pour le nombre des malades qui arrivaient, on créa une ambulance dans le couvent de Saint-Pierre; en peu de jours elle fut encombrée, et on fut obligé de loger chez les habitants les malades qui pouvaient encore marcher. Cette mesure devait contribuer à répandre la contagion, le mal s'étendit rapidement à la population et frappa déjà ma génération. Le service de l'hôpital était fait par une douzaine d'élèves en médecine, la plupart étaient de mes camarades qui avaient quitté le collége trois mois auparavant. Dans le mois de janvier, tous étaient atteints du typhus, et à la fin du mois, Nottret, Deullin et Girardin avaient succombé. Un jour, je rencontrai Nottret qui, en m'apprenant la maladie de tous nos camarades, se félicitait d'être resté seul valide : le lendemain, le pauvre garçon se mit au lit et il est mort le premier.

Chaque jour il arrivait des convois de charrettes de campagne à peine abritées par un drap ou par un paillasson qui défendaient bien imparfaitement nos pauvres soldats contre les intempéries du mois de janvier; il était heureusement moins froid qu'humide et brumeux. Aussi, tous ne pouvaient pas supporter le voyage et on trouvait souvent des morts et des mourants dans les voitures qui arrivaient.

Un jour de la fin de janvier, en rentrant du collége, je trouvai chez mon père, assis au milieu de la chambre, un officier pâle, défait, abattu, enveloppé dans un manteau vert, c'était M. Schmatz; un de ses amis le recommandait chaudement aux soins de mon père; pendant cette conversation, le malade tomba en défaillance et on s'empressa de le mettre dans un lit. Il était atteint du typhus, il commençait à délirer, et le lendemain, il avait tous les symptômes de cette redoutable affection.

Pendant ce mois de janvier, la ville offrait une grande animation. Le grand quartier général y était établi depuis les premiers jours de l'année; on voyait circuler beaucoup d'officiers, beaucoup d'hommes isolés de toutes les armes. Il arrivait d'immenses approvisionnements de tous genres. La cathédrale avait été destinée à recevoir les fourrages, les bottes de foin s'amoncelaient dans la nef et l'avoine s'élevait dans les chapelles de l'abside jusqu'à moitié de leur hauteur. On emmagasinait dans Saint-Alpin du vin et de l'eau-de-vie, et la rue Sainte-Croix était journellement encombrée de voitures amenant des blés, qui, achetés dans la campagne, étaient remisés dans les magasins existants derrière la maison n° 14, habitée par M. Goerg, et la maison n° 8, qui n'était plus occupée par la garde départementale.

En fait de troupes, on ne voyait que de nombreux détachements de conscrits qui allaient rejoindre leurs corps et des soldats du train appartenant au grand parc d'artillerie réuni dans la plaine de Fagnières; emplacement assez mal choisi, car, une belle nuit, la Marne déborda et toutes les pièces se trouvèrent dans l'eau jusqu'à l'essieu. Ce fut un long et pénible travail pour les tirer de là. On attelait jusqu'à douze chevaux à chaque pièce et on les conduisait sur le mont Saint-Michel, entre les routes de Troyes et de Montmirail. J'ai suivi ce déménagement qui se faisait dans une boue épouvantable, la route étant complètement défoncée.

Le moment critique approchait, on ne pouvait pas ignorer que l'ennemi avançait, et on n'entendait pas parler de combats qui pussent arrêter sa marche. On avait vu depuis deux mois, tant de soldats défaits, épuisés par les fatigues et les privations que l'on devait se former une triste opinion de l'armée. Malgré cela, on ne désespérait pas et on ne regardait pas l'occupation de notre ville comme inévitable. On avait vu passer la garde, on avait vu l'empereur allant au-devant de l'ennemi, on comptait sur son génie qui ne lui avait jamais fait défaut, on comptait sur ce corps d'élite jusqu'alors invincible; car on pouvait attribuer les revers de 1812 aux rigueurs de la température, et ceux de 1813 à la défection des Allemands et à la trahison des Saxons sur le champ de bataille de Leipsick; enfin le 31 janvier ou le 1er février, on comptait sur le corps d'armée du maréchal Macdonald, qui arrivait de la Belgique, précisément pour nous protéger, en défendant la vallée de la Marne et la grande route de Paris qui se trouvaient découvertes par le mouvement de l'empereur sur Brienne. Ce corps n'était malheureusement pas assez nombreux, mais il était composé d'excellents soldats qui, quelques jours après, nous ont donné des preuves de leur valeur; il avait une artillerie fort respectable et une belle division de grosse cavalerie. Nous avons pu admirer ses deux régiments de carabiniers formant un ensemble de 8 à 900 chevaux. Dans ce moment-là, ce corps était peut-être ce qu'il y avait de mieux dans l'armée française.

Après avoir couché en ville, cette division se porta en avant : mais elle n'alla pas loin, elle rencontra l'ennemi à La Chaussée, entre Vitry et Châlons. Cette armée ennemie était formée de 20,000 Prussiens commandés par le général Yorck, lequel avait tourné autour de Vitry, ville fortifiée et défendue, pour continuer, sans retard, sa marche sur Paris. Le jeudi 3 février, à neuf heures, nous avons vu arriver des cuirassiers ensanglantés qui avaient été blessés dans un combat livré, dès le matin, entre La Chaussée et Francheville.

Il n'y avait plus d'illusion possible, l'ennemi était à nos portes. On s'empressa de fermer les cachettes; car, dans toutes les maisons, par prévision du pillage, on avait entassé le linge et les objets les plus précieux dans des tonneaux ou dans des caisses que l'on enterrait, par la crainte de l'incendie, dans les caves, dans les écuries et dans les jardins. Chez mon père, on les avait enfouis dans un cabinet noir et on avait empilé du bois par-dessus. Nous avions quelque chose de plus embarrassant et de plus compromettant à cacher, c'étaient les armes et l'équipement de notre officier malade. Je fus chargé de ce soin, et en me glissant à plat-ventre sous la toiture d'un faux grenier, je parvins à loger le sabre, les pistolets, la selle et les harnais derrière un corps de cheminée qui les dérobait entièrement à la vue, et où il aurait été difficile de les trouver.

Quant au malade lui-même, il était dans le délire vague du typhus, à peu près étranger à tout ce qui se passait autour de lui. Il n'était pas possible de l'éloigner. Mon père se résigna franchement à soigner l'hôte que la Providence lui avait envoyé. On lui fit raser ses moustaches et on convint de le faire passer pour son frère. De ce moment nous l'appelâmes notre oncle, et comme son nom allemand n'était pas facile à prononcer, quelques jours après, madame Lanzeret leva la difficulté en l'appelant l'oncle Thomas, héros d'un roman fort en vogue à cette époque.

A la nuit tombante, le mouvement de retraite des Français commença et c'était une chose bien triste. Avec quel serrement de cœur on voyait défiler lentement et silencieusement les corps de toutes armes de cette division! Ils traversèrent la ville pour se retirer derrière la Marne, et le duc de Tarente établit son quartier général dans l'auberge de la Ville-de-Paris

Le lendemain 4 février, dès le matin, le bruit se répandit que l'ennemi se présentait. Je me trouvai avec quelques personnes qui, pour s'en assurer, voulurent monter au plomb de la flèche Notre-Dame. Je les suivis et je vis effectivement, derrière Saint-Memmie, sur les hauteurs dans la direction de la route de Marson, quelques cavaliers qui galopaient. En revenant dans mon quartier, je rencontrai un escadron de chasseurs qui se dirigeait vers la porte Sainte-Croix, je le suivis jusqu'à la sortie de la ville. Il s'élança au galop dans l'allée Sainte-Croix, à l'entrée de laquelle se trouvaient quatre pièces de canon en batterie, prêtes à faire feu. En entendant dire que l'on allait faire sauter le pont de Marne, je revins sur mes pas, pour courir de ce côté et en passant devant l'église Saint-Alpin, je vis des flots d'eau-de-vie tomber en cascade des marches du perron dans le ruisseau. On détruisait l'approvisionnement de liquide que renfermait l'église ; cependant on ne perdait pas tout, car on voyait les habitants du voisinage roulant sur le pavé des pièces de vin ou d'eau-de-vie qu'ils rentraient chez eux, ce qui était mieux que de les faire couler dans le ruisseau. Ces mesures ne pouvaient imposer aucune privation à l'ennemi, seulement il a fallu le lendemain que les habitants fournissent ce qui avait été perdu la veille.

En arrivant sur le pont de Marne, je vis placer des tonneaux de poudre sous les piliers de l'arc de triomphe et creuser deux grands trous sur la voute de l'arche du milieu. Il était environ neuf heures du matin, le temps était beau, le ciel très pur et le froid très vif. On n'entendait rien, mais comme je revenais dans la rue de Marne, il éclata tout-à-coup, dans la direction du pertuis, une forte canonnade qui dura plus d'une demi heure; elle venait de l'artillerie française qui était en batterie sur les hauteurs du mont Saint-Michel. Ce fracas cessa subitement comme il avait commencé et il fut remplacé par une fusillade si vive et si continue qu'elle faisait un roulement presque sans interruption et, jusque dans la rue Saint-Nicaise, on entendait le petit sifflement des balles perdues qui passaient au-dessus des maisons.

Vers onze heures, quelques personnes vinrent prévenir mon père que l'on venait d'apporter des soldats blessés dans une maison voisine. Cette maison était celle de Mlle Janson, située sur le canal, près du pont des Teinturiers. Mon père s'empressa de s'y rendre et m'emmena avec lui. C'est de ce momont qu'ont commencé mes études médicales. Je déshabillais les blessés, je lavais les plaies ensanglantées et j'avais pour guides, plutôt que pour aides, plusieurs voisines et entre autres une brave et digne D^lle^ Cartelet. Les blessés arrivant d'une manière incessante, bientôt la maison en fut pleine: en rentrant par la porte Sainte-Croix, c'était le point, où ils pussent être pansés, le plus rapproché du théâtre du combat. Ceux qui pouvaient marcher entraient en passant; les autres étaient amenés, dans une petite charrette à bras dont se servent les bouchers, par deux hommes dont le nom et la conduite méritent d'être connus. L'un était M. Strapart boucher, demeurant dans la rue des Cordeliers; l'autre était un tout jeune homme qui existe encore, c'est M. Royer marchand de poisson, demeurant rue de l'Étoile. Ces braves gens allaient, avec leur charrette, jusque sous le feu de l'ennemi, ramasser les blessés pour les amener dans la maison Janson; ils ont fait ce trajet toute la journée et j'ai vu plusieurs fois les soldats les remercier avec l'expression de la plus vive reconnaissance.

Dans cette ambulance improvisée, tout abondait : linges à pansement, charpie, bouillons, vins, aliments, arrivaient à profusion, donnés par toutes les maisons voisines. Je vois encore la vieille demoiselle de boutique de M. Petit-Subé, que tout le monde connaissait, dans notre quartier, sous le nom de Fanfine, apportant des soupières de bouillon qu'elle distribuait aux blessés. Si cet empressement, à secourir les soldats qui se battaient pour nous défendre, est un souvenir touchant et honorable pour notre population, il y a quelque chose encore de plus grand et de plus noble, c'est l'héroïsme de ces soldats. On disait et on répète encore que les Français ne sont bons que pour l'attaque et pour marcher en avant, mais que dans la retraite, ils sont démoralisés et incapables de résistance, tandis que le soldat russe conserve son sang froid et sa tenacité. Quel mensonge ! La campagne de 1814 a fourni mille preuves du contraire. Le corps de Macdonald soutenait la retraite depuis Leipsick ; il était resté derrière l'Elster avec Poniatowski ; il se battait tous les jours en reculant ; depuis trois mois, il n'avait pas eu un succès et il n'en était pas moins dévoué à ses devoirs et à son pays. Ces hommes, animés par le combat, supportaient la douleur avec une espèce d'enthousiasme; les incisions nécessaires pour extraire les balles qui étaient restées dans leurs membres ne leur arrachaient d'autre cri que celui de *vive l'empereur!* J'ai vu plusieurs de ces braves, blessés assez gravement, après être pansés, reprendre leur sac et leur fusil pour retourner au combat. Quand mon père leur disait que la douleur ne tarderait pas à les arrêter, qu'ils avaient fait leur devoir et qu'ils devaient se retirer et gagner les derrières, je leur ai entendu répondre : non, on a besoin de nous là-bas et nous avons encore des cartouches au service de ces b.....là.

La nuit mit fin à ce combat sans résultat. Nos soldats, couverts par les arbres des allées Sainte-Croix et Saint-Jean et par le mur crénelé de la ville, malgré leur grande infériorité numérique, ont tenu en échec les Prussiens, embusqués dans les maisons et les jardins de Saint-Memmie et leur ont fait éprouver une perte assez considérable. A la nuit tombante, la lutte prit un caractère différent; l'artillerie remplaça la fusillade, l'ennemi établit ses batteries en avant des moulins Picot et Saint-Géris, et bientôt fit pleuvoir sur la ville ses boulets et ses obus.

N'ayant plus de blessés à panser, mon père quitta la maison Janson, pour rentrer chez lui, avec Mlle Cartelet et moi. Nous n'avions pas fait vingt pas que Mlle Cartelet est frappée en pleine poitrine par un boulet qui va mourir contre la porte de M. Subé. Elle chancelle en poussant un cri, mon père la soutient, un instant après elle se remet, continue à marcher et rentre chez son frère. Quoique ce boulet fut tout-à-fait à la fin de sa course, puisque nous l'avons vu mourir à nos pieds, il pouvait avoir produit une contusion dont les conséquences étaient redoutables; il n'en a rien été. Cette demoiselle, qui était une femme de quarante à cinquante ans, très vigoureuse, ne s'en est pas ressentie assez pour se plaindre dans les jours de désordre, de fatigue et d'inquiétude qui ont suivi, et elle a vécu plus de vingt ans après.

Fatigué des émotions encore plus que des courses et du travail de la journée, en rentrant à la maison, je dînai et je me jetai sur un lit, espérant dormir, malgré le bruit du canon auquel je commençais à m'habituer; mais le sommeil ne vint pas, les détonations étaient quelquefois si violentes qu'elles ébranlaient la maison. Je ne me rendais pas compte de ces éclats qui faisaient croire que les canons étaient dans la rue même; ce n'aurait pu être que des canons français et on n'avait pas entendu le bruit et le mouvement qui auraient annoncé leur arrivée. Peu d'instants après, j'étais instruis de la cause de cet épouvantable fracas, c'étaient les obus lancés par l'ennemi qui éclataient sur nous, autour et tout près de nous. Malgré ce tapage infernal, j'étais resté sur mon lit, quand j'entendis frapper à coups redoublés, à la porte de la maison; je me levai précipitamment et je vis entrer, avec toute sa famille, notre voisin M. Vienne, criant, avec l'accent du plus profond désespoir, que sa maison était en flammes. Il se trompait; la frayeur lui avait fait mal juger les distances, l'incendie était dans la rue de la Boule-Blanche.

Les obus avaient mis le feu presque simultanément sur trois points différents, dans une des premières maisons de la rue Porte-Murée; dans la maison n° 17 de la rue Grande-Étape et dans les granges et les écuries de M. Pérardel, rue de la Boule-Blanche. Ce dernier incendie était le plus rapproché de nous, les flammes poussées par le vent du nord formaient au-dessus de la rue Saint-Nicaise un nuage de feu duquel tombait une grêle de charbons incandescents. En ajoutant à ce spectacle effrayant les détonations du canon, les éclats d'obus et les flots de population éperdue qui fuyait le désastre, on peut se figurer ce qu'était cette scène de terreur. Il y avait peu d'espoir pour cette partie de la ville d'échapper à une destruction complète. Mon père réunit à la hâte ce qu'il y avait de plus précieux à emporter, le distribua à la famille et tout le monde se tint prêt à partir.

La plus grande difficulté était notre officier malade: la vue des lueurs de l'incendie, qu'il apercevait de son lit, fit sur lui une impression des plus vives et par suite des plus favorables : l'imminence du danger lui rendit sa connaissance à moitié perdue, il répétait sans cesse, avec un accent de terreur remarquable : « *Mon hôte, me laisserez-vous brûler?* » Mon père lui répondait, avec énergie: « Non, non, je ne vous abandonnerai pas, mais faites des efforts pour vous lever. » Ma sœur aînée, qui avait alors onze ou douze ans, se mit en devoir de l'habiller; il supporta cette opération sans défaillir et il fut prêt à partir avec les autres. Mais il ne pouvait pas se soutenir, et mon père, infirme, ni personne de nous n'était en état de le porter. Heureusement, un neveu de ma mère, chassé de Saint-Memmie par le combat de la journée, était venu se réfugier à la maison : ce neveu était un grand et vigoureux garçon qui avait servi dans les carabiniers; mon père comptait sur lui pour emporter M. Schmaltz, et il était de taille et de force à ne pas fléchir sous le fardeau. Pendant que l'on habillait le malade, le neveu avait disparu; en voyant le feu, il avait couru de ce côté pour travailler à l'éteindre; mais ce n'était pas un incendie ordinaire, il ne trouva qu'un petit nombre de personnes zélées comme lui, qui s'enfuirent bientôt, en voyant tomber les obus et en reconnaissant l'impossibilité de porter aucun secours. A la grande satisfaction de tout le monde, il rentra à la maison où on lui destinait un rôle plus utile; sa présence releva le courage de M. Schmaltz, qui répétait toujours avec anxiété, *mon hôte, me laisserez-vous brûler?* Plus tard, quand il fut rétabli, interrogé sur les raisons qui lui avaient fait répéter cette phrase si souvent, il nous raconta que son régiment (le 1er de chasseurs à cheval) faisant partie de l'avant-garde de la grande armée, en Russie, était entré le premier dans Smolensk en flammes, où 8,000 blessés russes avaient été brûlés. Le souvenir de cet affreux spectacle l'obsédait et lui inspirait une terreur indicible.

Dans ces terribles moments, on change facilement d'idée, la peur gagna mon père, et tout en conservant la résolution de ne pas quitter sa maison avant qu'elle ne brûlat, il crut devoir mettre ses enfants plus en sûreté, en les envoyant dans une partie de la ville où l'on ne voyait pas d'incendie. Il me mit sur les bras ma sœur cadette, donna la plus jeune à ma sœur aînée et nous dirigea vers la rue de Marne par le chemin le plus direct, la rue Croix-des-Teinturiers, pour demander asile à un de ses amis. Au moment où je dépassais le seuil de la porte, un obus éclate devant la porte de M. Caquot et ses fragments sont projetés de tous côtés. A ce fracas, mon père me retire en arrière pour me faire rentrer, et un instant après, nous fait sortir de nouveau en nous dirigeant par la rue de la Gravière. C'était une grande imprudence; car, si dans cette rue nous étions plus couverts que dans la rue Croix-des-Teinturiers, arrivés sur la place au Chétif, nous étions bien plus exposés aux projectiles de l'ennemi qui prenait pour point de mire les incendies de la rue de la Boule-Blanche et de la rue Grande-Étape. Le souvenir du boulet qui avait frappé Mlle Cartelet et l'obus qui était venu par la rue Saint-Nicaise lui avaient fait choisir la plus mauvaise direction. Nous partons suivis de la famille Vienne; en arrivant au bout de la rue de la Gravière, nous découvrons la sublime horreur de deux vastes incendies qui éclairaient de la manière la plus brillante le pignon et le clocher de l'église Notre-Dame. Le sifflement des boulets nous fait involontairement baisser la tête; les obus, en éclatant, brisent les vitres des fenêtres et nous couvrent d'une pluie de verre, et pour comble de malheur, nous tombons au milieu d'un troupeau de bœufs, sortant des écuries de la rue du Petit-Cerf, en poussant des rugissements affreux. Nos enfants, effrayés, jettent les hauts cris; les forces manquant à celui qui portait la petite Vienne, il la dépose à terre; la peur donne de l'énergie à cette enfant, quoique bien malade, sans chaussures, presque sans vêtements, à peine enveloppée dans une couverture, elle se met à marcher et se glisse entre les bœufs de M. Strapart pour nous rejoindre. Arrivés dans la rue de l'Hôtel-de-Ville, un dernier danger nous attendait. Un obus tombe et éclate devant la maison de M. Barbat à quelques pas de nous; ses éclats nous épargnent et nous en fûmes quittes pour recevoir les débris des carreaux des fenêtres des bureaux de l'hôtel-de-ville qui furent tous brisés par la détonation. Les projectiles de l'ennemi paraissent ne pas avoir été au de-là de l'hôtel-de-ville ou du canal de Nau.

La rue de Marne était remplie par les fuyards. Nous trouvâmes un asile chez M. Clauzet qui nous fit entrer chez lui et s'occupa de faire réchauffer les enfants; pour moi, je ne m'étais pas aperçu du froid pendant ce trajet. Nous étions depuis une heure dans cette position, quand on entendit un bruit extraordinaire s'élever dans la rue, c'était la foule des fuyards qui rentraient en ville. Un de ces hommes, pour qui le mensonge semble être un besoin, même dans les plus tristes circonstances, avait dit que l'empereur arrivait. Ce bruit fut répandu en un instant et cette foule éperdue, passant subitement du désespoir à l'espérance, revenait sur ses pas en criant, l'empereur arrive, nous sommes sauvés, *vive l'empereur!* tant étaient grands le prestige de son nom et la confiance qu'il inspirait. Cette nouvelle était malheureusement fausse; néanmoins, très peu de temps après ce mouvement, le feu de l'ennemi se ralentit et bientôt la canonnade cessa complètement. Voici ce qui s'était passé.

M. l'abbé Lambert, curé de Saint-Alpin, en voyant plusieurs incendies se déclarer et menacer une grande partie de la ville d'une destruction complète, ne voulut pas rester spectateur inactif d'un tel désastre. Il alla frapper aux portes de plusieurs membres du conseil municipal et les entraîna au quartier général du duc de Tarente. Il exposa au maréchal les dangers de la cité et obtint de lui l'autorisation de parlementer avec l'ennemi et de lui livrer la ville le lendemain à huit heures du matin. Muni des pouvoirs nécessaires, il se rendit en toute hâte aux avant-postes prussiens avec deux de ses collègues et fut conduit seul, dit-on, devant le général ennemi qui avait établi son quartier général dans la maison du moulin Picot. Il arrêta la capitulation et le feu cessa, à la condition que les portes de la ville seraient ouvertes à huit heures du matin.

Je n'ai rien vu de tout ce qui a rapport à cette négociation; je cite les faits tels que je les ai entendu raconter. La génération contemporaine de ces évènements n'est pas encore éteinte et il est déjà presqu'impossible d'arriver à la vérité. Personne n'a disputé à M. le curé de Saint-Alpin, le rôle principal et le mérite de l'initiative, mais on ne connaît pas ceux qui l'ont secondé; on cite M. Garinet, M. Grenet-Tellier, M. du Cauzé de Nazelles, M. Gobet, M. Grenet-Felize, M. Collin Abraham, etc.; mais chacun de ces noms est contesté. On conçoit que nombre de familles revendiquent cet honneur pour leurs chefs, car cette démarche de bons citoyens a sauvé la ville d'un immense désastre. Une heure plus tard, toutes les maisons placées sous le vent de ces trois grands incendies étaient perdues; autour de ces trois foyers, il y en avait vingt petits qui se déclaraient; en peu de temps, il seraient devenus grands, se seraient réunis et auraient formé un vaste embrâsement contre lequel il n'y avait plus à lutter.

La canonnade ayant cessé, je revins à la maison paternelle avec les enfants que nous portions. Je retrouvai notre monde, pas encore très rassuré. Les flammes s'élevaient toujours fort haut et, à chaque instant, on criait au feu pour une maison voisine. On se rendit maître de ces feux avant qu'ils ne se développassent et ils n'eurent pas de suite. En sortant de la maison pour courir aux incendies, je crus en découvrir un chez une de nos voisines, Mme Odou; en voyant par la porte ouverte, de la lumière au fond de la maison, j'entrai et je trouvai cette maison abandonnée; la table était dressée, un plat de viande était servi et une casserole en fer était devant le feu à peu près éteint, une chandelle fumeuse éclairait la chambre. Ces dames, saisies de frayeur, s'étaient enfuies avec tant de précipitation, qu'en laissant tout à l'abandon, elles n'avaient pas même pensé à fermer leur porte. J'appelai un voisin pour veiller sur cette maison et la fermer, et je continuai ma course vers les lieux incendiés où se portait toute la population avec l'activité qu'elle montre toujours en pareille circonstance.

Dans la rue de la Boule-Blanche, on ne pouvait pas approcher du foyer principal, les pompiers commençaient à éteindre le feu qui se manifestait dans les greniers de la maison qui fait le coin de la rue d'Espence. Dans la rue Grande-Étape, le derrière de la maison nº 17 était détruit, mais on était assez maître du feu pour ne pas craindre qu'il se propageat au corps principal du bâtiment et aux maisons voisines. Dans la rue Porte-Murée, le sacrifice était consommé, maison et grange étaient affaissées et ne faisaient plus qu'un vaste brandon, séparé par des cours et des jardins des propriétés voisines. Quand j'arrivai, il n'y avait presque plus de travailleurs, la rue était couverte au loin d'une épaisse couche de glace, les pompes gelées ne pouvaient plus fonctionner, une vingtaine d'hommes se chauffaient autour des feux sur lesquels on avait placé des chaudières remplies d'eau destinée à dégeler les pompes. Une femme seule jetait un regard douloureux sur cette scène de ruine, c'était Mme Vallery, la maîtresse de la maison. Elle me demanda l'appui de mon bras pour traverser cette rue glacée et je l'accompagnai jusque chez elle. Il parait que j'étais prédestiné à être témoin des plus grands malheurs de cette femme. Je la voyais jeter un dernier coup d'œil sur les débris de sa fortune en partie anéantie, et vingt ans après, en passant à deux heures du matin, dans le même quartier qu'elle n'a pas quitté, elle m'arrêtait au milieu de la rue, pour me prier de voir son mari qu'elle venait de trouver mort subitement dans son lit. Les traces des autres incendies ont disparu; mais la maison de la rue Porte-Murée n'a pas été relevée.

Le 5 février, entre sept et huit heures du matin, une détonation sourde annonça à la ville que le pont de Marne sautait et que le superbe arc-de-triomphe élevé à la gloire de nos armées n'existait plus. A huit heures, le bruit d'un instrument que nous ne connaissions pas et pour lequel j'ai conservé une antipathie insurmontable encore aujourd'hui que nous le connaissons beaucoup, nous annonçait l'entrée de l'ennemi. Cet instrument était le cornet qui avait exactement le son et le timbre du clairon de nos voltigeurs, il n'en différait que par la forme. Chez les Prussiens, il formait un demi cercle de 50 à 60 centimètres de diamètre; chez nos voltigeurs, il est replié sur lui-même de manière à former une espèce de trompette.

Le premier échantillon que nous avons vu des troupes étrangères était très beau. C'était une compagnie de volontaires, qui descendait, sans ordre, par la rue Sainte-Croix. Cette compagnie était formée par des étudiants des universités allemandes, en majorité fort beaux garçons blonds et frais, habillés de capotes grises comme nos sous-officiers d'infanterie; au lieu de sacs, ils portaient une gibecière et ils étaient armés de carabines tyroliennes. En arrivant au carrefour de la rue Saint-Croix, un de nos voisins s'avança vers eux, une bouteille d'eau-de-vie à la main; l'un deux prit cette bouteille, la goûta, la mit dans sa gibecière en lui disant *bon*, et laissa notre homme fort capot de voir sa politesse si complètement accueillie. Un quart d'heure après, les régiments entrés par la porte Saint-Jean descendaient la rue Saint-Nicaise en colonne serrée pour prendre possession de la ville. L'impression produite par leur aspect ne fut pas trop pénible, la forme de leurs schakos et leurs capotes grises les faisaient tellement ressembler à notre infanterie de ligne qu'ils ne nous paraissaient pas étrangers, et puis, on avait eu si peur la veille! on avait échappé à de si grands dangers que l'on se sentait relativement bien heureux, dans ce moment, d'en être quitte pour loger et nourrir ces gens-là.

Toute cette armée, arrêtée par la Marne, resta à Châlons vingt-quatre heures. La mine pratiquée dans le pont n'avait réussi qu'imparfaitement, elle avait fait deux grands trous dans la voûte de l'arche centrale; mais les trottoirs et les parapets avaient résisté, et les piles n'avaient pas été renversées. Les tirailleurs français embusqués dans les premières maisons du faubourg et dans les débris de l'arc-de-triomphe, écartaient, par un feu très bien dirigé, tous ceux qui voulaient approcher. Le commandant du génie prussien et plusieurs officiers furent tués. Ne voulant pas emporter cet obstacle de vive force ni exposer les leurs, les ennemis prirent le parti de faire rétablir le pont par les ouvriers de la ville. Le général demanda un homme intelligent pour diriger les travaux et on désigna, je ne sais trop comment, un serrurier pour faire l'ouvrage d'un charpentier. Une garde de quatre ou cinq hommes vint prendre chez lui notre voisin Vauthier et lui intimer l'ordre de rétablir le pont pour le lendemain matin, en mettant à sa disposition tous les ouvriers et tous les matériaux qu'il demanderait. Une invitation faite de cette manière ne se refuse pas; c'est ce que jugèrent très bien les soldats français, aussi les laissèrent-ils travailler fort tranquillement, en continuant de tirer sur tous les Prussiens qui voulaient se présenter. A trois heures du matin, le pont était rétabli et le passage praticable. Le père Vauthier alla rendre compte de son travail au général prussien qui lui fit boire un verre d'eau-de-vie et le renvoya chez lui.

Le lendemain matin, cette armée se mit en mouvement et traversa la Marne pour se diriger sur Paris. Ces soldats étaient bien reposés, ils avaient trouvé dans notre ville une abondance qui les avait mis de bonne humeur; ils nous ont donné des preuves de cette jactance que l'on a souvent reprochée aux Prussiens. Ils demandaient à ceux qui les regardaient partir, *combien y a-t-il de lieues d'ici à Paris?* et ils avaient répété, tant de fois, cette phrase allemande que tout le monde l'avait retenue le lendemain. Quelques jours après, les enfants terribles de notre ville la leur renvoyaient avec une ironie bien mordante.

En partant, cette armée ne laissa dans la ville qu'un faible état-major, quelques hommes valides, ses malades et ses blessés qui étaient fort nombreux, puisqu'on assure que la fusillade prolongée toute la journée du 4, leur avait mis 1,200 hommes hors de combat.

CHAPITRE IV.

L'Occupation.

Après le départ de l'armée prussienne, on respira un peu et on ôsa sortir. J'allai visiter le champ du combat de l'avant-veille; beaucoup de maisons étaient percées par les boulets, une surtout, à l'extrémité de la rue Saint-Nicaise, nº 39, avait été très maltraitée. J'entrai en passant dans l'église Saint-Jean, dans laquelle il ne restait que les cadavres des soldats français qui avaient succombé à leurs blessures avant d'être transportés à l'hôpital. Je m'éloignai bien vite de ce spectacle et je parcourus le village de Saint-Memmie qui était abandonné. Dans les allées Saint-Jean et Sainte-Croix on voyait sur tous les arbres des trous de balles; j'en ai compté plus de vingt sur le même tronc, depuis le sol jusqu'à l'origine des branches. Un fait assez singulier, c'est que, trente ans après, ces arbres, ayant été abattus et débités en bois de chauffage, je n'ai pas entendu dire que l'on ait trouvé du plomb entre les couches ligneuses, comme on devait s'y attendre, ce qui peut faire croire que l'élasticité du bois avait fait rejaillir les balles au-dehors.

Pendant les deux mois de guerre et d'occupation étrangère qui suivirent, la ville présenta un aspect tout particulier. Tout était changé dans les usages et les relations habituelles; les boutiques étaient fermées, le pavé était couvert de paille, les rues ressemblaient à une écurie et on ne voyait presque personne circuler; les femmes n'osaient pas sortir, et parmi les hommes, il fallait être poussé par une bien grande curiosité ou être forcé par la nécessité ou par des devoirs bien impérieux, pour se hasarder au milieu des cosaques qui bivaquaient de tous côtés. Mon père était de ce nombre; obligé de courir la nuit comme le jour, souvent il a été arrêté par des groupes de soldats qui cherchaient leurs logements, et à la lueur vacillante des réverbères, il tâchait de déchiffrer leurs billets et de leur indiquer, aussi bien que possible, la direction qu'ils devaient prendre. Souvent il était obligé de déranger les hommes et les chevaux pour entrer dans les maisons, et cependant il ne lui est rien arrivé de désagréable; son infirmité l'a peut-être préservé des avanies, mais tout le monde n'a pas été aussi heureux : on a pris à plusieurs, le manteau qu'ils avaient sur le dos; d'autres ont été obligés de faire des échanges de bottes et de souliers qui n'étaient pas à leur avantage; d'autres ont été pris pour servir de guides et ont été emmenés à deux ou trois lieues de la ville; quelques-uns enfin ont été battus, mais je n'ai pas entendu dire qu'il y ait eu des blessés après ceux qui avaient été atteints pendant le combat du 4 février.

Dans l'intérieur des maisons, le changement était encore plus grand; on comprend que, dans le plus grand nombre, le travail était suspendu; il n'y avait de commerce que celui des denrées de consommation journalière. Presque partout, on était entassé les uns sur les autres, parce qu'il fallait faire de la place pour les logements de guerre, et puis, les habitants des campagnes voisines, qui s'étaient réfugiés en ville, avaient augmenté beaucoup la population. Cet encombrement avait secondé le propagation du typhus qui faisait de grands ravages; mais comme on ne faisait pas d'enterrements, on ne sonnait pas; on sortait peu, on savait à peine ce qui se passait chez ses plus proches voisins, ces ravages ont passé presqu'inapperçus, cela a été un bienfait de ces temps malheureux.

Tous les jours, j'allais avec mon père à l'école d'arts et métiers, qui était dans ce moment-là transformée en parc d'artillerie où l'ennemi faisait réparer ses affuts et ses caissons. Un jour, en sortant, il fut appelé pour voir un malade dans la rue du Rempart, et je l'y suivis. Une fois dans cette rue, il ne pouvait plus en sortir, il fut obligé d'entrer dans toutes les maisons et dans chacune de ces misérables demeures sans lumière et sans air, il y avait cinq ou six malades presque tous gravement atteints et plusieurs irrévocablement perdus. Il en était de même dans beaucoup d'autres quartiers de la ville et entre autres chez mon père. M. Schmaltz commençait à peine à entrer en convalescence quand ma sœur aînée tomba malade. Toute la famille était resserrée dans une chambre et un cabinet mal aéré, par la nécessité de laisser les autres pièces libres pour les logements de guerre. Le grenier même était occupé par une famille entière qui s'y était réfugiée par suite de circonstances qu'il faut connaître pour apprécier la dûreté de ces temps.

M. Cordier, qui avait été élevé à l'hôtel-de-ville et dont la mère et le frère occupaient encore des logements dans cet édifice, s'était laissé persuader que dans cet hôtel, siége de l'administration et des bureaux, qui devaient être protégés par un poste et une force régulière et disciplinée, il serait plus en sûreté que dans la maison qu'il occupait rue d'Orfeuil, il alla donc s'établir chez son frère. Le jour même de l'entrée de l'ennemi, il tomba gravement malade, atteint par le typhus; mon père va lui donner des soins, et le lendemain, il trouve trois femmes en pleurs autour du pauvre malade. Les soldats du poste ou d'autres, en furetant partout, avaient trouvé l'escalier qui conduisait à la chambre de M. Cordier, et ils avaient enlevé tout ce qui leur convenait; le pot-au-feu où se faisait le bouillon; les cafetières de tisanne, et même les couvertures qui étaient sur le lit du malade. Mon père, touché d'une si grande détresse, ne put se résigner à laisser un famille amie dans cette triste position. Quoique déjà bien encombré, il lui offrit un asile chez lui ; ce n'était pas brillant, ce n'était qu'un grenier, mais au moins là, le malade pouvait être soigné et probablement échapper aux visites importunes des Russes et des Prussiens. Sa proposition fut acceptée de grand cœur et les quatre membres de cette famille vinrent s'établir à la maison et partagèrent notre vie et nos émotions pendant les deux mois que dura la guerre.

Après le soin des malades et l'inquiétude pour leur avenir, toujours si chanceux dans le cours des affections typhoïdes, les logements militaires étaient tout ce qu'il y avait de plus tourmentant, ils étaient l'objet des plus sérieuses préoccupations. Il ne suffisait pas de trouver à ces hommes des chambres pour les recevoir et des lits pour les coucher, il fallait encore les nourrir et pourvoir à toutes leurs exigences. Ne connaissant pas leur langue, c'était déjà une grande difficulté de savoir ce qu'ils voulaient, et quand on le savait, c'était souvent encore plus difficile de les satisfaire. La première journée avait été très rude, je crois cependant qu'on se plaignait plus qu'on aurait dû le faire et que les Prussiens n'ont pas eu tous les torts qu'on leur reprochait. Pour loger 20,000 hommes, il avait fallu en mettre quinze ou vingt dans chaque maison : on ne s'attendait pas à cela et on ne s'était pas rendu compte de ce qu'il fallait pour rassasier vingt allemands de bon appétit. Leur premier repas ayant consommé tous les vivres disponibles dans chaque maison, on s'est trouvé de suite dans l'embarras pour leur fournir le repas suivant. Le pain surtout a manqué immédiatement, et les boucheries ont été bientôt épuisées. Aussitôt, boulangers et bouchers se sont mis à l'œuvre et ont travaillé jour et nuit pour fournir à ces besoins ; mais pendant quelques heures, on a manqué. Les hommes qui avaient faim étaient exigents et on leur faisait difficilement prendre patience, en leur expliquant les causes du retard dont ils se plaignaient. Les jours suivants furent moins pénibles, on était plus familiarisé avec les difficultés qui pouvaient se présenter et on se mettait en mesure de les prévenir.

Ce premier logement a été, pour mon père, un colonel prussien blessé, un officier qui lui était attaché, cinq ou six soldats ou domestiques, une cantinière avec un charriot et six chevaux. Le colonel et l'officier couchèrent dans la même chambre, tous les autres dans une pièce voisine; il y avait au fond de la maison une petite cour qui reçut les chevaux, il fallait pour y arriver, monter six marches, cette difficulté ne les arrêta pas, ils grimpérent l'escalier et le charriot resta devant la porte. Ce charriot nous parut d'autant plus effrayant que l'on découvrait dans son contenu beaucoup d'objets qui ne faisaient pas partie d'un matériel de guerre, tels que des oreillers, des lits de plume, voire même des pendules; tout cela nous paraissait d'une origine suspecte, la vivandière nous inspirait plus de craintes que tous les hommes; cependant nous nous trompions. Le colonel était un homme honnête et bienveillant dont le caractère se reflétait sur tout son entourage, et cette cantinière, qui avait l'air d'une vieille sorcière, était la meilleure femme du monde. Elle n'a jamais demandé que les objets nécessaires, et elle le faisait avec une honnêteté qui allait jusqu'à la timidité. Au bout de quelques jours, malgré les lourds sacrifices que cette petite smala nous imposait, on se prenait à désirer de la conserver, crainte de pis.

Nous dirons bientôt comment ce colonel nous a quittés. Il a été remplacé par d'autres officiers dont nous n'avons pas eu lieu de nous plaindre, grâce au système excellent que mon père avait adopté. Une fois admise la nécessité de recevoir et de nourrir ces hommes, une fois l'impossibilité de s'y refuser reconnue, il s'exécutait de bonne grâce, et les plus difficiles, en voyant la bonne volonté que l'on mettait à les servir, devenaient raisonnables et modéraient leurs exigences.

D'autre part, on n'éprouvait pas de trop grandes difficultés à se procurer les choses dont on avait besoin. Il n'y avait pas de marchés, mais on avait fait des provisions de légumes, de beurre, de lard, etc.; mon père avait même réuni quelques sacs de blé, qui lui ont servi à acquitter les réquisitions que l'ennemi frappait de temps en temps : le boulanger put toujours fournir du pain régulièrement, il avait seulement la précaution de l'apporter dans un sac pour ne pas tenter la convoitise des cosaques couchés dans les rues qu'il fallait traverser. Le bois était un objet de première nécessité qui ne pouvait plus venir de Sainte-Ménehould et encore moins de la Brie : le maire, qui était alors M. de Chamorin et qui, à cette époque, a rendu de grands services, y pourvut en faisant abattre les arbres du boulevard du jard qui étaient aussi forts que ceux de cette promenade, puis les ormes de la route de Reims, sur une longueur de cinq à six kilomètres. La ville vendit ce bois aux habitants et cette ressource suffit malgré le froid qui se prolongea jusqu'au mois d'avril.

On ne savait rien de ce qui se passait au-dehors de la ville; on était ballotté entre la crainte et l'espérance, l'une et l'autre fondées sur des bruits vagues et très incertains. Vers la fin de février, ce qu'il y avait de sûr, c'est que nos malades allaient mieux, c'était une joie réelle pour la maison, et en dépit de tout, on projetait de fêter leur convalescence, en mangeant le jour du mardi gras, le dindon traditionnel qui avait été acheté dans des temps meilleurs.

Les aventures de ce dindon sont un épisode de notre

histoire. Une vieille tante, qui vivait avec nous, s'était vouée à sa conservation : combien lui a-t-elle fait faire de voyages, de la cour à la cave et de la cave au grenier? combien de fois l'a-t-elle enfermé dans une cage enveloppée de couvertures, qui le mettaient dans une obscurité complète, pour que des gloussements indiscrets ne décélassent pas sa présence? enfin, à force de précautions, on parvint à le sauver de l'ennemi. Précisément, le jour du mardi-gras, nous n'avions pas de logements. Le dindon est mis en broche, rôti et servi sur la table. Dans ce moment, un escadron de cosaques arrive dans la rue, met pied à terre et établit là son bivouac, en attachant des chevaux aux tourniquets des volets et à la poignée de la porte. Les mouvements de ces animaux nous faisaient toujours croire que les cosaques cherchaient à entrer. La circonstance était critique et le rôti compromis. Enfin, on frappe définitivement à la porte : vite on enlève le dindon qui était plus facile à cacher que de son vivant et on ouvre. Au lieu d'un cosaque, c'était un confrère de mon père qui venait lui parler. A sa vue, tout le monde est rassuré, on rit de bon cœur et on rapporte le rôti triomphant. Cet excellent M. Moignon restait tout interdit de cette gaîté. Comment, dit-il, vous ôsez rire ici, tandis que chez moi, tout le monde pleure et que je ne sais où donner de la tête, tant nous sommes tourmentés par les exigences de nos hôtes. En entendant raconter les péripéties de l'histoire de ce dindon, il oublia un instant ses tribulations et partagea la gaîté qui l'entourait. Grâce aux heureuses dispositions d'esprit des personnes réunies à la maison, qui ne voyaient pas les choses trop en noir, grâce surtout à la gaîté imperturbable de ma mère, le temps se passait dans ces conjonctures difficiles, sans que nous nous trouvions trop malheureux.

CHAPITRE V.

Montmirail.

Depuis le départ de l'armée prussienne, il s'était écoulé à peine trois ou quatre jours, quand on remarqua, parmi les Prussiens qui étaient restés à Châlons, une agitation et une inquiétude annonçant quelque chose d'extraordinaire; nous n'entendions rien dire, nons ne savions rien, mais nous voyions aller et venir les officiers qui se rendaient près du colonel blessé, avec un air sombre et préoccupé; beaucoup d'objets rentraient peu à peu dans le charriot qui était devant notre porte; les clairons parcouraient les rues, en faisant entendre de cinq minutes en cinq minutes, un son, formé de deux notes seulement, qui avait quelque chose de très sinistre. On ne pouvait pas douter qu'il ne fût survenu quelque évènement important; les figures tristes et allongées des Prussiens nous faisaient présumer que la nouvelle ne leur était pas favorable, par conséquent qu'elle était bonne pour nous. Quarante-huit heures se passèrent dans cette anxiété. Le lugubre clairon résonnait la nuit comme le jour; à chaque bruit que l'on entendait dans la rue, on se levait pour se mettre aux fenêtres et en reconnaître la cause, et cela se répétait souvent dans la nuit. Enfin, un matin, on attela les chevaux au charriot, dans lequel on avait disposé un lit pour recevoir le colonel et il partit. Tout cela annonçait qu'il ne se trouvait plus en sûreté à Châlons, qu'il y avait péril pour lui à y rester plus longtemps et que ce péril était proche. Effectivement, une heure après son départ, la ville se trouva tout-à-coup inondée d'hommes, de chevaux et de voitures qui se répandirent dans toutes les rues principales. Cette masse confuse, dans laquelle on voyait, pêle mêle, les fantassins, les cavaliers, les blessés, les canons et les bagages, n'avait pas conservé la moindre trace d'organisation. M. Schmaltz, qui commençait à se lever, en voyant par les fenêtres ces soldats marcher lentement, la pointe des pieds en-dedans, nous dit : voilà des hommes bien fatigués qui doivent avoir essuyé un grand échec. Il ne se trompait pas, car bientôt les soldats, moins discrets que leurs officiers, nous firent comprendre avec leur jargon, qu'ils tâchaient de franciser, qu'ils avaient rencontré Napoléon partout et qu'il leur avait tué beaucoup de monde. Cette masse démoralisée n'était évidemment susceptible d'aucune résistance, et si, comme dans les bons temps d'Ulm et de Iéna, l'empereur avait eu une nombreuse cavalerie, hommes et matériel auraient été pris et c'était une armée détruite. Les Russes, disait-on, ne reculent pas et se font tuer sur place; nous avons vu qu'ils savaient bien faire le demi-tour et qu'ils fuyaient aussi bien et aussi longtemps que les autres, car ils étaient à seize lieues du champ de bataille et la poursuite s'était arrêtée à Bergères, qui est à six ou sept lieues de Châlons. Quand dans cette foule de fuyards, les gamins reconnaissaient les uniformes des Prusssiens, ils leur répétaient la phrase qu'ils avaient apprise d'eux la semaine précédente : *Combien y a-t-il de lieues d'ici à Paris,* et bien entendu, ils n'attendaient pas la réponse.

Cette armée en désordre traversa lentement la ville et sortit principalement par la porte Saint-Jean sous laquelle elle était passée triomphante huit jours auparavant. Le soir, elle était réunie derrière Saint-Memmie et elle avait établi ses bivouacs entre la route de Vitry et celle de Sainte-Ménehould. De cette affaire-là, le village fut ruiné;

les meubles, les portes et les fenêtres furent brûlés, et dans le quartier situé derrière l'église, il ne resta littéralement que les murs : fenêtres, planchers, toitures, tout ce qui était bois avait disparu. Était-ce du vandalisme? non, c'était de la nécessité. Le froid était encore rigoureux ; se chauffer et faire cuire les aliments est un besoin impérieux; pour satisfaire ce besoin chez 50,000 hommes, il faudrait des provisions de bois qu'on ne trouve pas, et à leur défaut, on s'en prend aux maisons. Ralliés derrière la Marne, cette armée se reforma, se remit de ses fatigues par trois ou quatre jours de repos, et quand elle fut réorganisée, elle se reporta en avant.

Ses colonnes descendaient la rue Saint-Nicaise et nous les regardions passer, quand un grand officier russe, ayant l'air fort en colère, vint frapper brutalement à la porte de la maison; on ouvre, il présente un billet de logement portant le nom de M. Failly-Lasalle, rue du Four ; on lui indique ce logement, il se fâche, il jure, il tempête. M. Schmaltz se présente dans l'espoir de se faire mieux comprendre en lui parlant allemand, au lieu de l'écouter, il le saisit par le collet et veut se faire conduire par lui. M. Schmaltz, qui pouvait à peine marcher et qui ne connaissait pas du tout la ville, était dans une position critique. Je me présente pour le remplacer et je m'offre de conduire cet officier à son logement. Il me pousse devant lui et me fait marcher, en me donnant des coups de poings sur la tête ; mais un vieux sergent qui l'accompagnait se plaça entre lui et moi pour me faire éviter les taloches. En passant devant la caserne de la garde départementale, aujourd'hui l'hôtel de la division militaire, il y entre et me fait retenir dans le corps-de-garde; j'attendis là très longtemps, il vint enfin me reprendre, me fit passer à travers les rangs d'un régiment qui remplissait la rue et alla frapper à la porte de M. Plongeon, rue Saint-Nicaise, n° 33.

Une domestique vint ouvrir, il demanda Monsieur, Monsieur...... Ce pauvre M. Plongeon, homme faible et valétudinaire, se présente en tremblant, alors, l'officier qui était très grand et très fort et qui semblait exalté au dernier point, autant par l'eau-de-vie que par la colère, saisit M. Plongeon par le collet de sa houppelande (c'était le nom des robes de chambre de ce temps-là), le soulève, le fait sauter dans la rue et le jette sur le bataillon russe qui passait. Les soldats le repoussent, celui-ci par un coup de poing, celui-là par un coup de coude qui eurent au moins l'avantage de le remettre en équilibre et de l'empêcher de tomber à terre; mais il était d'une paleur effrayante, ses traits étaient décomposés, j'ai cru qu'il allait mourir. Pendant que ce grand ivrogne exhalait sa rage par ses jurements et ses menaces de frapper, le vieux sergent qui m'avait protégé, me fit signe de me sauver, je ne lui fis pas répéter deux fois, je m'enfuis au plus vite; à quelques pas de là, il y avait dans la colonne une batterie d'artillerie, pour mieux me soustraire à la vue et à la poursuite, je passai de l'autre côté de la rue, en sautant par-dessus une pièce de canon et je rentrai à la maison.

J'ai revu plusieurs fois cet officier; c'était un chirurgien russe qui était toujours plus ou moins ivre et qui, en toute circonstance, m'a paru être un vilain butor. J'ai connu aussi la cause de sa grande colère, il paraît qu'il s'était présenté à M. Plongeon avec son billet de logement portant Failly-Lasalle; sans faire attention à la rue, M. Plongeon lui indique M. Failly-Lasalle, notaire, rue de la Gravière. Là, on ne le reçut pas, et on le renvoya rue du Four; une ressemblance de noms le fit s'arrêter chez mon père, et j'allais le remettre à sa véritable adresse, quand il lui a plu de commencer par tirer vengeance des fausses démarches qu'on lui avait fait faire.

Il était le chirurgien bien insuffisant d'un hôpital temporaire qui avait été établi rue Saint-Nicaise, dans la caserne de la garde départementale et dans la maison vis-à-vis, n° 27, actuellement occupée par Mme Leconte. Il était arrivé de Montmirail un nombre considérable de blessés. Quoique les plus dangereusement atteints, aient été placés, de préférence, dans les deux hôpitaux, il y en avait encore là de fort graves et en très grand nombre. Ces malheureux étaient entassés dans toutes les chambres de ces deux maisons, couchés sur la paille et privés des soins les plus indispensables. Le lendemain du départ de l'armée, mon père fut requis pour faire le service chirurgical dans ces deux maisons; je le suivais et j'y passais une partie de la journée, sans pouvoir suffire à tous les besoins. Le chirurgien russe n'y paraissait que pour crier et pour malmener ses pauvres soldats. Le vieux sergent, mon protecteur de la veille, semblait être l'infirmier major; le brave homme faisait ce qu'il pouvait, mais il ne pouvait pas grand chose. Aussi, au bout de quelques jours, mon père, qui soignait ces malheureux avec toute la douceur possible, avec toute la bonté inhérente à son caractère, était-il devenu leur providence; ils l'accueillaient avec une satisfaction non équivoque, ils se soumettaient, sans la moindre résistance, à toutes ses volontés et aux opérations les plus douloureuses. Quand on entrait dans ces chambres, on était repoussé par l'air méphitique que l'on y respirait; mon père s'empressait d'ouvrir les fenêtres pour le renouveler et leur donner de l'air pur si nécessaire à leur santé; mais il gelait assez fort et le froid faisait une impression pénible sur ces pauvres fébricitants à peine couverts par leurs capotes et leurs manteaux. Il fallait voir avec quelle expression touchante ils tendaient les mains vers mon père, pour le prier d'abréger leurs souffrances en refermant ces fenêtres qui leur donnaient cependant un élément essentiel de vie et de rétablissement. C'était un spectacle navrant. On répète souvent qu'il n'y a pas de grands hommes pour les valets de chambre qui les voient de trop près; on pourrait dire avec autant de raison, qu'il n'y a pas de belles victoires pour les chirurgiens qui voient la gloire de l'hôpital.

Avant de quitter les petits évènements de notre ville qui se rattachent à la bataille de Montmirail, je ne puis résister au désir de raconter un épisode un peu héroïque, un peu burlesque, dont le héros était un Châlonnais, et qui fait voir, une fois de plus, avec quelle bizarrerie le ciel se joue des calculs et des projets des hommes.

Il n'est pas donné à tout le monde d'être brave; j'avais un oncle qui ne l'était pas, il avait en horreur l'uniforme et la gloire militaire. D'une constitution faible et délicate, il avait employé toutes les ressources de son esprit, et il en avait, pour paraître encore plus chétif, et il était parvenu à se faire réformer trois ou quatre fois; mais à la fin de 1813, dans un dernier appel, il fut trouvé bon pour le service; il jugea convenable de s'y soustraire; il devint réfractaire et se cacha tout simplement dans Paris, qu'il habitait depuis plusieurs années. Il serait trop long de raconter par quelles craintes et quelles angoisses il a passé pendant trois mois, et combien il a fallu de ruses, d'habileté et de présence d'esprit pour dépister la police qui était à sa recherche. Enfin, dans le mois de janvier 1814, la poursuite devint si active qu'il n'y avait plus moyen d'y tenir. Il prit la résolution de quitter Paris et d'aller se cacher chez un de ses parents qui habitait une propriété près de Montmirail. Il y parvint en se déguisant, en évitant les grandes routes, en allant de village en village par les chemins de traverse et en fuyant avec soin les gendarmes. Arrivé dans la ferme de Marchais, il se croyait en sûreté, et il fut tout-à-fait rassuré quand il vit le pays occupé par les armées ennemies. Mais quelques jours après, voici les Français qui reviennent; après la brillante journée de

Champaubert, ils se dirigent sur Montmirail, l'ennemi se concentre sur les hauteurs voisines et se prépare à combattre. Les habitants se sauvent, abandonnant tout, pour ne pas se trouver au milieu de la mêlée. Bien leur en prit, car le lendemain, cette ferme de Marchais étant la clef de la position de l'ennemi, les plus grands efforts furent faits des deux côtés pour la prendre ou la conserver. L'empereur la fit enlever par les grenadiers de la garde impériale, qui abordèrent les lignes russes à la bayonnette et les rejetèrent en arrière après avoir tué 800 hommes. C'est cette charge mémorable que le peintre Vernet a retracée avec un talent si vrai et si entraînant. La bataille est gagnée et l'ennemi fuit dans une déroute complète. Le lendemain, mon oncle, accompagné de trois ou quatre paysans, veut aller voir ce qu'il reste de la maison ; il trouve les cours et les jardins encombrés de cadavres ; mais en furetant dans les appartements, dans les granges et dans les écuries, il rencontre encore des vivants. C'étaient des soldats blessés plus ou moins gravement et des hommes démoralisés, exténués de fatigue et de faim, qui, étant isolés et perdus, s'étaient réfugiés là pendant la nuit. En présence de ces pauvres diables qui n'étaient pas tentés de résister et à qui il faisait autant de peur qu'ils lui en inspiraient à lui-même, il prit une résolution assez énergique : s'emparant, lui et ses compagnons, d'armes qu'ils trouvaient abondamment sous la main, ils réunirent ces hommes et en formèrent un peloton de quarante à cinquante prisonniers qu'ils ramenèrent à Montmirail. Mon oncle, qui avait le commandement, les conduisit au quartier-général pour les remettre entre les mains de l'autorité militaire. Un officier d'état-major le félicita chaudement sur sa conduite et voulut le présenter à l'empereur qui ne manquerait pas, lui disait-il, de le décorer de la Légion d'honneur. Effectivement, l'empereur, à cette époque, tenait énormément à faire prendre les armes à la population, et les tentatives de ce genre étaient encouragées par tous les moyens. On comprend dans quelle position cette offre mettait notre réfractaire; cependant il parut l'accueillir avec empressement; il promit à l'officier de revenir quand il aurait mis ses prisonniers en sûreté, et il courut se cacher mieux que jamais. Le lendemain, l'empereur partit et mon cher oncle n'eut plus à craindre les honneurs. Ainsi, voilà un homme qui, en voulant fuir la guerre, va se cacher sur un champ de bataille; il avait vu et accueilli les Russes comme des libérateurs et, par la circonstance, il les traita en ennemi acharné ; de poltron qu'il était, une position inattendue en fait un brave déterminé; il était loin de penser aux honneurs et ils viennent le menacer. On lui offre cette croix qui, alors, était l'objet de l'ambition de tant d'intrépides soldats pour laquelle ils affrontaient mille dangers sans pouvoir l'obtenir, faute d'occasions de se faire remarquer. Ne semblait-il pas que la fortune avait pris à tâche de se moquer de lui?

Après la victoire de Montmirail, l'armée française s'était portée sur la Seine, au-devant des Autrichiens. Après les avoir battus et refoulés sur Troyes et Chaumont, elle revint sur l'armée russe qui, en sortant de Châlons, s'était avancée sans obstacle jusqu'à La Ferté. Celle-ci ne jugea pas prudent d'attendre les Français et de renouveler l'épreuve de Champaubert. Elle se retira sur l'Aisne, échappa à la poursuite de nos troupes à Soissons, et ne fut atteinte qu'à Craone et à Reims. On voit que le théâtre des opérations militaires formait un demi-cercle autour de nous, à une distance de vingt ou vingt-cinq lieues. Pendant trois ou quatre semaines on fut donc assez tranquille. Nos malades étaient en pleine convalescence et passaient leur temps à jouer au piquet. M. Schmaltz, chez qui le sentiment du devoir parlait très haut, sentant ses forces revenir de jour en jour, se préoccupait des moyens de rejoindre son corps. Il s'adressait à tous les hommes de la campagne qu'il pouvait rencontrer, pour s'enquérir de l'armée française. Mais dans ce moment on ne voyageait pas : chacun restait chez soi, et l'on ne pouvait rien savoir de ce qui se passait autour de nous. On n'était plus écrasé par les logements militaires; on ne voyait passer que de faibles détachements, des hommes isolés et des hordes de cosaques irréguliers de toutes les races et de tous les pays. C'est dans ce temps-là que j'ai vu un Kalmouck, encore armé de flèches avec arc et carquois, qui devait venir du fond de la Tartarie. Heureusement, ces hommes, plus qu'à demi-barbares, ne tenaient pas beaucoup aux commodités de la vie; ils ne demandaient pas de billets de logement, se contentant de la paille qui couvrait le pavé des rues, on les voyait s'arrêter dans le lieu qui leur plaisait, descendre de leur cheval, l'attacher aux barreaux des fenêtres ou aux marteaux des portes, et se coucher à ses pieds.

Cependant, dans les premiers jours du mois de mars, nous avons eu un grand passage; c'était un corps de réserve de l'armée russe, commandé par le général Saint-Priest, troupe magnifique sous tous les rapports. L'infanterie se composait de régiments de grenadiers russes, habillés à neuf. L'artillerie toute neuve, canons, caissons et harnais, était attelée de chevaux appareillés sur la couleur de leur robe. Je me rappelle avoir été arrêté longtemps sur le pont des Mariniers par un superbe équipage de ponts, tout neuf; il sortait par la porte Saint-Antoine; les chevaux, en s'avançant entre les poutrelles portées par la voiture qui les précédait, formaient un obstacle infranchissable; le moindre de ces chevaux aurait encore fait un beau carrossier. Cette armée allait occuper Reims; bientôt attaquée par les Français, elle fut battue et son général fut tué.

CHAPITRE VI.

Retour des Français.

Jusque vers le milieu du mois de mars, on resta dans la même position, ne voyant rien, n'entendant rien dire et ne sachant rien. Le 14 seulement, l'ordre fut donné d'évacuer, sur Vitry, les blessés de l'hôpital temporaire établi dans la rue Saint-Nicaise; tous ceux en état de marcher devaient faire la route à pied, les autres furent placés dans des charriots. En voyant tous ces pauvres éclopés se traîner péniblement, on ne douta pas que les Russes n'eussent la crainte d'être attaqués, et il fallait qu'ils eussent essuyé quelqu'échec sérieux pour se déterminer à faire voyager si brusquement des blessés et des malades. En sortant avec mon père de la rue de Vinetz, nous tombâmes au milieu de ce convoi qui s'acheminait lentement vers la porte Sainte-Croix. Aussitôt qu'ils eurent reconnu mon père, tous ces blessés vinrent se presser autour de lui, en baisant ses mains et les pans de sa redingote; ceux qui étaient dans les voitures, lui tendaient les mains, en exprimant leur reconnaissance dans un langage que nous ne connaissions pas, mais qui était trop expressif pour ne pas être compris. Mon père, ému de ces démonstrations de gratitude, s'échappa, les yeux pleins de larmes, après avoir donné le plus de poignées de mains possible.

Vers midi, un de ces beaux régiments de grenadiers russes que nous avions vu passer quelques jours auparavant, vint sans bruit, sans tambours, occuper la rue Saint-Nicaise. Après avoir mis les armes en faisceaux, les soldats se couchèrent de tous côtés; peu de temps après, il arriva de petits tonneaux qui furent défoncés au milieu de la rue et chaque homme alla y prendre sa provision de cartouches. Cette distribution, en nous donnant à penser que les Français n'étaient pas loin, ne nous présageait que des dangers; cependant la journée se passa sans alerte. Un sergent et quelques vieux soldats demandèrent à entrer chez mon père, et sans plus de cérémonie, se couchèrent dans la chambre et s'endormirent du plus profond sommeil. Par suite du système que l'on avait adopté à la maison, d'aller au-devant de leurs besoins, plutôt que d'attendre qu'ils demandassent impérieusement; ma mère, voyant qu'ils n'avaient pas mangé depuis longtemps, leur prépara une copieuse soupe à l'oignon : mais au moment où ils se levaient pour la manger, on frappa à coups redoublés à la porte et aux fenêtres pour les appeler, parce que le régiment reprenait ses armes pour partir. Il se mit en marche, toujours sans tambours, et alla passer la nuit sur un autre point, à notre grande satisfaction, car nous étions dominés par la crainte de lui voir employer ses cartouches dans notre quartier.

La nuit se passa tranquillement. Le lendemain, 15 mars, quatre ou cinq cavaliers vinrent se poster à l'entrée de la rue de la Gravière et restèrent là toute la journée, le pistolet au poing, avec un air assez menaçant pour que l'on n'osât pas trop se montrer, même par les fenêtres. Cette journée, pleine d'espérances et d'anxiété, parut bien longue; son calme même avait quelque chose de sinistre et d'inquiétant. Enfin, à la nuit tombante, ce poste de cavalerie partit, et un instant après, un régiment de cavalerie déboucha, au galop, par la rue Croix-des-Teinturiers et s'engagea dans la rue Sainte-Croix, en faisant étinceler le pavé sous les fers des chevaux. Quelques fantassins attardés s'accrochaient aux étriers des cavaliers pour suivre leurs mouvements.

A peine ces escadrons étaient-ils passés, qu'un bruit extraordinaire, vague, vaporeux et prolongé, se fit entendre dans la direction de la porte Saint-Jacques. Oh ! comme le cœur nous battait dans l'attente de ce qui allait arriver ! Mon père, frémissant d'impatience, s'élance dans la rue de la Gravière pour savoir plus tôt à quoi s'en tenir ; je le suivis : nous n'étions pas encore au milieu de la rue, que nous entendons ce bruit qui semblait marcher, en se rapprochant, s'étendre sur notre gauche et revenir derrière nous. Nous retournons sur nos pas, et en rentrant dans la rue Saint-Nicaise, nous voyons un hussard français qui s'engageait, au galop, dans la rue Sainte-Croix, en criant *vive l'empereur!* C'est ce cri de vive l'empereur, poussé par les premiers éclaireurs français et répété avec enthousiasme par la population, que nous entendions marcher, s'avancer et s'étendre, en suivant les soldats de la porte Saint-Jacques à la place de Ville, et de là, à la porte Sainte-Croix par les rues d'Orfeuil et Croix-des-Teinturiers.

Quelques soldats étrangers étaient restés en arrière; l'un d'eux filait dans l'obscurité, le long des murs de Sainte-Marie, actuellement le grand séminaire, et aurait pu échapper sans sa lance qui le fit reconnaître. Un hussard l'arrêta et le ramena jusqu'au carrefour. Ce prisonnier était connu dans le quartier, parce qu'il demeurait depuis quelques semaines chez notre voisin, M. Lefèvre. C'était un assez mauvais drôle, souvent ivre à demi, insolent, fanfaron et voleur, qui avait vexé plusieurs habitants du quartier. Il était Prussien et paraissait attaché à quelqu'administration militaire. En arrivant au carrefour, il fut entouré, bientôt reconnu de tout le monde et chaudement signalé au hussard comme un pillard qui devait avoir de l'argent. Au milieu du déluge d'imprécations qui tombaient sur lui, on entendait dominer la voix de Vauthier fils, qui répétait : c'est un coquin, il a battu mon père! il a battu mon père! Le hussard, qui avait encore à la main les pistolets qu'il venait d'enlever à son prisonnier, les donna à Vauthier comme fiche de consolation. Pendant ce temps, M. Schmaltz examinait le cheval, et l'ayant trouvé à sa convenance malgré une blessure faite par une balle qui lui avait traversé la mâchoire, il l'acheta au hussard qui, en totalité, avait fait une bonne prise.

Pendant que cette scène se passait devant notre porte, les troupes françaises de toutes armes étaient entrées en ville, elles formaient le corps d'armée du maréchal Ney. La ville s'était illuminée spontanément; tout le monde était descendu dans la rue au cri de *vive l'empereur!* qui retentissait de tous côtés, et cette immense clameur planait sur toute la ville. La population, ivre de joie, était mêlée à la troupe; les rangs étaient rompus par une foule de gens, hommes et femmes qui, une bouteille à la main, versaient à boire aux soldats: personne n'avait peur des chevaux. Les soldats paraissaient vivement émus de cet accueil enthousiaste, et j'en ai revu dix ans après qui, en apprenant que j'étais de Châlons, me rappelaient, avec bonheur, cette chaleureuse réception. Ce soir là, il n'a pas été nécessaire de donner des billets de logement, c'était à qui aurait des soldats pour les loger et les fêter. J'étais dans l'âge de l'enthousiasme; je ne pourrais pas analyser les sensations qui me rendaient si heureux. Était-ce l'humiliation de nos ennemis ou la gloire de nos armes, la patrie, l'empereur, un sentiment d'orgueil et d'indépendance nationale, peut-être tout cela réuni qui m'avait ému si profondément. Toujours est-il qu'aujourd'hui, arrivé au déclin de la vie, après avoir, comme beaucoup d'autres, comme tout le monde, traversé des jours mêlés de pluie et de soleil, en me rappelant tout ce que j'ai éprouvé depuis quarante ans, il me reste, pour certain, que cette soirée du 15 mars a été pour moi le plus heureux moment de ma vie.

Hélas ! le bonheur passe comme un éclair, et celui-là ne fut pas de longue durée. En rentrant chez mon père, je trouvai un officier que M. Schmaltz avait reconnu dans le régiment de hussards. Il nous engageait à ne pas tant nous réjouir, parce qu'ils n'étaient pas en force pour garder la ville ; ils ne faisaient que passer, et dans deux jours, nous devions être encore sous la puissance de l'ennemi. Il disait vrai, et notre joie céda la place à de nouvelles inquiétudes.

Le lendemain, la ville présenta un nouveau coup d'œil ; les boutiques qui avaient été fermées depuis six semaines furent ouvertes. Je me mis à courir, dès le matin, par un froid assez vif ; aussi trouvai-je à la porte Sainte-Croix, une grande garde accroupie autour de deux immenses feux de bivouac allumés entre la porte et le pont et alimentés par les arbres des allées qui avaient été abattus de distance en distance. Pendant que j'étais là, il se présenta un officier d'état-major, suivi d'une escorte de cavaliers ; lequel venait de pousser une reconnaissance sur la route de Vitry. Tout le poste prit les armes pour le reconnaître avec le cérémonial usité en présence de l'ennemi. A peu de distance, derrière cet officier, venait un groupe d'un autre genre ; c'étaient les habitants de Sarry, amenant une vingtaine de prisonniers qu'ils avaient faits. En entrant en ville, ils furent bientôt entourés de curieux qui les félicitèrent avec de chauds applaudissements. Ce fut une petite ovation pour ces braves Sarrisiens ; leurs prisonniers faisaient une mine piteuse, quoi qu'ils n'eussent été ni dépouillés, ni maltraités. Leur plus grand mal, je crois, était d'être harcelés par les gamins qui leur décochaient ce lazzi ironique, *combien y a-t-il de lieues d'ici à Paris ?* lazzi qui avait moins de mérite ici que quand il était lancé à l'armée vaincue, mais encore nombreuse et puissante revenant de Montmirail.

Au milieu de la journée on passa une revue d'infanterie dans la rue Sainte-Croix. Quel spectacle ! un régiment de 4 à 500 hommes au plus ; une musique de baladins de foire ; des soldats habillés de dix manières différentes, les uns avaient des schakos, ceux-là des bonnets de police, d'autres des bonnets dits à la Marie-Louise ; les capotes étaient tantôt grises, tantôt de couleur capucin ; celui-ci avait une veste, celui-là un habit ; c'était un régiment arrivé d'Espagne, qui s'était entretenu avec le drap brun du pays, et sous ces haillons on voyait de petits hommes robustes, à tournure martiale, qui portaient la tête haute, montrant qu'ils avaient la conscience de leur force et de leur valeur ; mais ils étaient si peu nombreux et les conscrits qui étaient parmi eux étaient si pâles et si épuisés par les fatigues que l'on en avait le cœur navré. Après ce séjour qui a été une journée de repos que l'on accordait bien rarement à nos troupes, dans cette célèbre campagne, ce petit corps d'armée partit, par la route de Troyes, pour se rendre à Arcis-sur-Aube.

M. Schmaltz avait mis le temps à profit pour faire ses préparatifs de départ. J'avais été retirer de leur cachette, les harnais du cheval, les armes et tout l'équipement. Malgré les réflexions de mon père, qui lui faisait observer qu'il n'était que convalescent, qu'il n'était pas encore assez fort pour supporter les fatigues de la guerre, surtout dans une campagne aussi laborieuse et dans une saison qui était encore froide, sa décision resta irrévocable. Le 17 au matin, il avait repris l'uniforme, son cheval était sellé et il nous faisait ses adieux. A cette heure il était devenu membre de la famille ; les larmes étaient dans les yeux en voyant un des nôtres nous quitter pour courir de si grands dangers. Malgré sa résolution, cette séparation lui était aussi pénible, il s'éloignait lentement, à pied, la tête baissée, la bride de son cheval passée dans son bras. Bientôt je le perdis de vue, pour le retrouver quarante ans plus tard.

Dans l'après midi du même jour on signala le retour de l'ennemi, et ses premiers coureurs furent apperçus sur la rive gauche de la Marne. Probablement des partis de cavalerie avaient passé cette rivière pour reconnaître et suivre la marche de la colonne française. En montant sur la plate forme de la porte Sainte-Croix, je vis, à l'aide d'une lunette, des cosaques courant sur la crête du mont Saint-Michel. Les portes de la ville ne s'ouvrirent pas instantanément et on voulut faire un simulacre de résistance. Pour tous défenseurs, on n'avait à opposer que le tambour de ville Suply ; on lui fit battre le rappel autour des remparts, dans l'espérance de faire croire à l'ennemi qu'il était resté une garnison et de retarder un peu son entrée. Ce petit stratagème fut sans succès ; les Russes savaient très bien à quoi s'en tenir sur nos moyens de défense, et dans la soirée ils se présentèrent aux portes, les firent ouvrir sans résistance et reprirent possession de la ville sans brûler une amorce. Ils retournèrent tout simplement dans les logements qu'ils avaient quittés l'avant-veille, et le prisonnier prussien, que les Français n'avaient pas jugé convenable d'emmener, reparut dans le quartier ; il alla redemander ses pistolets à Vauthier, et se réinstalla chez notre voisin, en faisant moins de fracas et se comportant avec moins d'insolence. La petite leçon qu'il venait de recevoir lui avait profité.

CHAPITRE VII.

Fère-Champenoise.

Huit jours environ s'écoulèrent sans nouveaux incidents; mais le 24 mars, la ville fut envahie, dans la matinée, par des troupes nombreuses et une quantité considérable d'officiers, avec des charriots, des équipages, des voitures, qui encombrèrent les rues. Vers midi, je me trouvais dans une maison, située près de l'hôpital, avec un ancien militaire. Du premier étage de cette maison on découvrait au loin le terrain nu qui est au nord de la ville, et on voyait cette vaste plaine se couvrir de troupes débordant de la route de Reims, pour aller prendre leurs bivouacs. Ce n'était rien moins que toute l'armée Russe, commandée par le maréchal Blucher, qui avait, en France, conservé son nom d'armée de Silésie. Cette armée qui avait été battue à Montmirail, à Craone et à Reims, ayant reçu de nombreux renforts, avait obtenu un succès à Laon, et marchait de nouveau sur Paris, ou cherchant à se réunir aux Autrichiens qui étaient, en ce moment-là, entre Vitry et Bar-sur-Aube. Le vieil officier, qui était avec nous, estimait sa force à 80,000 hommes, et il se trompait peu dans son appréciation. Elle ne passa qu'une nuit sur ce terrain, et ce fut assez pour détruire à peu près complètement les villages de Recy et de Saint-Martin. La ville eut aussi à souffrir un de ces logements très onéreux ; mais alors, on était en mesure de répondre à toutes les exigences et çà paraissait moins dur.

Le lendemain, dès le matin, cette armée se mit en

marche et traversa la ville pour franchir la Marne ; l'infanterie en suivant la rue Saint-Jacques et la rue de Marne ; la cavalerie et l'artillerie en prenant la porte Saint-Antoine et le boulevard de Marne, et, comme ils ne pouvaient passer le pont que les uns après les autres, il en résultait nécessairement des temps d'arrêt dans la marche, tantôt de l'une, tantôt de l'autre colonne. C'est dans une de ces stations de la cavalerie que presque tous les jeunes arbres du boulevard ont été coupés. Des fenêtres de l'infirmerie de l'école, on voyait les soldats s'amuser à les tailler à coups de sabre ; très peu ont échappé à cette destruction, et on les reconnait aujourd'hui à leur taille, puisqu'ils ont huit ou dix ans de plus que les autres.

En voyant ces colonnes profondes d'infanterie, ces rangs serrés et bien fournis, ces hommes trapus, robustes et bien équipés, on faisait un retour douloureux sur la semaine précédente, ou nous avions vu une armée française dans des conditions si différentes. On cherchait à se faire illusion sur l'inégalité de ces forces. J'ai entendu bien souvent répéter ce jour là et les jours suivants que ces bataillons russes faisaient la promenade et qu'ils allaient traverser la Marne à Recy pour repasser de nouveau en ville ; quelques-uns même prétendaient reconnaître les hommes. C'était un propos absurde qui trouvait cependant du crédit par le désir que l'on avait de se tromper soi-même. Sur quel pont, sur quelles barques auraient-ils traversé la Marne à Recy ? Quel intérêt avaient-ils à tromper les habitants de Châlons qui ne pouvaient guères communiquer avec l'armée française? Le fait est que c'était une armée nombreuse et bien organisée, qui allait rencontrer un ennemi sept ou huit fois moins nombreux ; plus faible par le chiffre, plus faible par la vigueur des hommes, plus faible par le manque de chevaux, de matériel, de vêtements et des choses les plus essentielles ;

mais compensant cette infériorité sur tant de points par une confiance illimitée dans son chef, et l'énergie incomparable des vieux soldats aguerris, ne pouvant pas donner aux jeunes conscrits qui étaient dans leurs rangs, les forces physiques nécessaires pour supporter les fatigues et les privations, mais en présence de l'ennemi ils leur inspiraient cette force morale qui en faisait de vaillants soldats à l'heure du combat. Ce passage dura de six heures du matin à sept heures du soir, sans interruption, sans désordre, et sans avoir donné lieu à des plaintes sérieuses de la part des habitants.

Deux jours plus tard, un spectacle bien douloureux nous attendait. Nous voyons arriver une colonne de prisonniers français, qui avaient été pris à Fère-Champenoise. On en faisait monter le nombre à trois ou quatre mille. Ils marchaient entre deux lignes de soldats Russes, et à leur tête s'avançait fièrement un chef d'escadron de l'artillerie à cheval de la garde impériale. En un instant cette colonne remplit la rue de Marne, et bientôt la population les entoura, en leur prodiguant les témoignages du plus vif intérêt. Dans ces circonstances, ce sont les femmes surtout qui se distinguèrent par leur dévouement, si non à la patrie, au moins à ses défenseurs malheureux. J'ai vu les ouvriers se dépouiller de leurs blouses dans les corridors des maisons voisines, et des groupes de femmes du peuple, malgré la résistance des soldats russes, pénétrer dans les rangs des prisonniers, en habiller avec ces blouses, leur mettre des enfants sur les bras, les pousser devant elles et les faire évader, en trompant la surveillance de leur escorte qui, il faut le dire, ne paraissait pas plus tenir à ses prisonniers que les Français n'y avaient tenu la veille. Loin d'être abattus et décontenancés comme les Russes après Montmirail, ces hommes étaient exaspérés au dernier point. Ils accusaient unanimement le duc de

Raguse de les avoir trahis, vendus et livrés. Etait-ce vrai? Je ne l'ai jamais cru.

Tous les peuples ont de la peine à avouer leurs défaites et accusent la trahison d'être la cause de leurs revers. J'ai entendu des Prussiens soutenir avec passion qu'ils avaient été trahis à Iéna; les Autrichiens en disaient autant d'Ulm et de Marengo. Ils aiment mieux accuser leurs généraux de trahison que d'impéritie. Le même amour-propre national faussait l'esprit de nos soldats; au lieu de reconnaître qu'ils avaient été vaincus par des forces sextuples et que leur honneur était sauf, dans une lutte plus glorieuse que beaucoup de victoires, ils accusaient leur général de les avoir livrés à l'ennemi, et ils donnaient pour preuves, qu'il avait arrêté leur marche et leur avait ordonné de faire la soupe, pour les retenir plusieurs heures, jusqu'à ce qu'ils fussent enveloppés par l'ennemi. L'étude des faits, la connaissance du pays, la position respective des armées, le caractère de la lutte et les conséquences de la bataille, m'ont toujours fait penser le contraire. Cependant il est venu à ma connaissance une parole qui est en faveur de l'accusation. J'ai entendu plusieurs fois raconter par un homme considérable de Reims, M. Dérodé-Géruzez, que dans le moment où la ville était occupée par le corps de Saint-Priest, il y avait eu au collége quelques désordres qui avaient forcé le principal d'aller demander, au général russe, une sauve-garde pour cet établissement. Ce principal avait fait l'éducation d'un grand seigneur en Russie et connaissait très bien la langue. Pendant qu'il faisait sa demande, un officier entre dans le cabinet du général et lui annonce que l'armée française se présente. Celui-ci ne se doutant pas que le témoin de sa conversation comprenait sa langue, donne ses ordres, sans se méfier et termine en disant: « Si les Français sont en force supérieure, nous battrons en retraite et nous nous dirigerons sur Laon, c'est le duc de Raguse qui est de ce côté, nous n'avons rien à craindre. » Je ne mets pas en doute l'authenticité du propos et encore moins la véracité de l'homme honorable de qui je le tiens ; mais le général Saint-Priest voulait-il dire qu'il avait des intelligences avec Marmont, ou bien que ce maréchal n'avait pas de forces assez nombreuses pour lui inspirer des craintes ou bien encore que ses forces étaient tenues en échec et paralysées par la présence de toute l'armée Russe? C'est la dernière version qui est la plus probable, puisque quelques jours après, Marmont a été attaqué à Laon par cette armée qui lui a fait essuyer un échec ; mais c'est la première qui a eu le plus de crédit et qui n'a plus été mise en doute après la défection d'Essonne. Malgré tout, je persiste à croire qu'il n'y a pas eu trahison à Fère-Champenoise. Le duc de Raguse traversait les plaines de la Champagne pour rejoindre l'empereur du côté de Vitry. Pendant qu'il opérait ce mouvement, les alliés avaient pris la détermination de réunir toutes leurs forces et de se porter en masse sur Paris. L'armée Autrichienne, se couvrant d'un nombreux corps de cavalerie pour dérober sa marche à l'empereur, se dirigeait sur La Ferté, en traversant la plaine dans laquelle se trouvait Marmont. L'armée Russe, marchant également sur La Ferté, en quittant Châlons, devait chercher à se mettre en communication avec les Autrichiens, auxquels elle devait se réunir le lendemain ou le surlendemain. Le maréchal Marmont se trouvait donc engagé entre ces deux armées, ayant les Autrichiens en face et les Russes sur sa gauche. Quand ses éclaireurs se rencontrèrent avec ceux de l'ennemi, il lui était impossible de savoir à quelles forces il avait à faire. Il dut pousser des reconnaissances dans toutes les directions, pour reconnaître si c'étaient de simples détachements battant la campagne, si c'était un corps isolé, ou enfin s'il était menacé d'une attaque sérieuse. En attendant que les renseignements nécessaires pour prendre une détermination, lui arrivassent, qu'avait-il de mieux à faire que d'ordonner aux troupes de se reposer et de prendre des aliments? Bientôt il acquit la certitude qu'il était en présence de deux armées qui formaient une masse d'au moins cent cinquante mille hommes, auxquels il n'en pouvait opposer que vingt-cinq mille. Avec une telle disproportion, l'issue de la lutte n'était pas douteuse; il l'accepta néanmoins résolument et ses dispositions furent assez habiles pour qu'elle ne devînt pas un désastre. La défense fut héroïque, et des conscrits, non habillés, résistèrent avec le courage et toute la fermeté de vieux soldats. Quelques jours après, l'empereur Alexandre l'attestait, lorsqu'il répondit aux comités royalistes qui venaient lui demander les Bourbons, en lui disant que Napoléon était en horreur à la France. « Comment pouvez-vous me dire cela, quand il y a quel- » ques jours, des paysans mal armés, se faisaient hacher » par ma cavalerie au cri de vive l'empereur! » Après cette bataille glorieuse pour les soldats et pour le général, la retraite s'opéra sans désordre, et ces mêmes hommes défendirent Belleville pied à pied, avec une opiniâtreté héroïque. Voilà des faits constants qui prouvent surabondamment que le général, qui commandait dans cette lutte désespérée, n'était pas vendu aux ennemis. Depuis, la défection d'Essonne a fait interpréter tout en mauvaise part, a donné du crédit aux plus mauvais bruits; mais à Fère-Champenoise il n'y a pas eu trahison.

CHAPITRE VIII.

Prise de Paris.

Le théâtre de la guerre s'était rapproché de nous. Après les prisonniers on vit arriver encore de Fère-Champenoise des blessés Russes et Français; puis le jour suivant, il entra, par la porte Sainte-Croix, une nombreuse cavalerie venant du côté de Vitry, qui traversa seulement la ville, pour aller s'établir au bivouac dans la plaine de Saint-Martin, en laissant sur la place de Ville un escadron qui bivouaqua également; les logements restèrent vides. Le lendemain une surprise nous attendait, agréable sans doute, mais ne pouvant pas nous donner les joies immenses de la semaine précédente. Vers le milieu de la journée, l'escadron, qui stationnait sur la place, monta à cheval et quitta la ville; presque au même moment, des dragons français entraient par la porte Saint-Jean. Je suivis le premier qui arriva sur la place de Ville, avec précaution, le pistolet au poing, en rasant les maisons du côté droit de la rue d'Orfeuil. Ne voyant personne sur la place, ce dragon s'élança dans la rue Saint-Jacques, et ceux qui le suivaient s'engagèrent dans la rue de Marne, pour explorer la ville dans toutes les directions. Après cette exploration, ils se réunirent et revinrent à la porte Saint-Jean, où ils étaient attendus par un demi-escadron, rangé en bataille à l'entrée de Saint-Memmie. Pendant que j'étais devant ce peloton, il s'en détacha un douzaine de cavaliers qui se dirigèrent à droite, en passant devant le pavillon d'Aumale. En montant sur le rempart, je vis ces dragons se mettre à la poursuite des cosaques, disséminés derrière le faubourg Saint-Jacques et qui, à leur aspect, s'enfuirent à toute bride dans la direction des vignes. Les Français ne pouvant pas les atteindre, ne tirèrent pas un coup de pistolet et vinrent rallier leur escadron, lequel, après une halte assez longue, reprit la route de Vitry, pour rejoindre un corps de deux ou trois mille hommes, qui s'était arrêté à deux lieues de notre ville, à Chepy. Une heure après leur départ, les cosaques rentrèrent en ville pour réoccuper leurs positions ; ils reprirent leur bivouac sur la place de Ville.

Nous avons connu plus tard la cause de cette réapparition si courte de nos soldats et nous avons eu l'explication des mouvements que nous avions observés. Cette cavalerie ennemie qui a traversé notre ville était le corps chargé d'occuper Napoléon, et de lui cacher la marche des armées alliées sur Paris. Elle avait été refoulée par les troupes Françaises, et l'empereur ne trouvant rien derrière elle, avait fait pousser de grandes reconnaissances dans toutes les directions pour savoir de quel côté s'étaient dirigées les forces principales de l'ennemi. C'est une de ces reconnaissances qui était arrivée jusqu'à nous. Quand, par ces recherches, il acquit la certitude que les alliés marchaient sur Paris, ils avaient trois jours d'avance. Aussi, malgré la promptitude de sa détermination et la rapidité avec laquelle il suivit leurs mouvements, il arriva trop tard pour défendre sa capitale.

Le surlendemain de cette apparition d'un détachement français, il faisait une belle journée de printemps, et je revenais, avec plusieurs personnes de ma famille, d'une promenade sur les remparts qui s'élevaient, à cette époque, sur l'emplacement du boulevard Saint-Jacques. En descendant la rue Saint-Nicaise, nous voyons un groupe de cinq ou six personnes formé vis-à-vis la rue du Grenierà-Sel ; nous l'abordons avec la question si souvent répétée dans ce temps là ; est-ce qu'il y a quelque chose de nouveau ? Comment vous ne savez pas, nous répondit-on, les alliés sont entrés dans Paris. Quel malheur ! s'écria un de mes parents. Dites donc quel bonheur, repartit une des femmes de ce groupe, nous allons avoir du sucre à douze sous, du café à vingt sous, des cotonnades à tel prix, des indiennes, etc., et elle énuméra longuement tout ce que, à son point de vue, nous devions gagner par un retour à l'ancien régime. Jusqu'alors on ne reconnaissait pas de dissidences dans les opinions. Il y avait certainement chez quelques-uns des regrets du temps passé, et chez d'autres de la crainte et de la haine pour le régime impérial, mais ces sentiments étaient dissimulés, comprimés et personne n'osait les manifester. A partir de ce moment ils éclatèrent avec vivacité ; la division des opinions fut de suite très profonde ; elle désunit les familles ; elle brisa les plus anciennes et les plus sincères amitiés, et porta une perturbation notable dans les relations sociales.

On a beaucoup discouru, on a beaucoup écrit sur l'impression produite en France par cet évènement. Personne n'aurait osé se vanter d'avoir vu, avec joie, les revers de nos armées et l'asservissement du pays ; mais on a dit, très hautement, que l'on avait accueilli avec enthousiasme le retour de la famille des Bourbons, qui en était la conséquence. Comme on dit toujours qui veut la fin veut les moyens, on accusa de suite les partisans des Bourbons de se réjouir des malheurs de la patrie, du massacre de nos soldats, de l'humiliation de nos armes, de la ruine de nos campagnes, de la perte de la capitale et de l'indépendance nationale, et ces accusations étaient justifiées par les exaltés de cette opinion, qui appelaient les étrangers nos alliés et nos amis.

Cette opinion a pu dominer dans le midi et dans l'ouest

de la France, mais dans nos contrées, elle était en minorité. Tout ce que j'ai vu, tout ce que j'ai entendu à cette époque me fait penser que le plus grand nombre dans les classes moyennes et le peuple, à peu près en masse, ont vu ce changement avec peine; tous les vœux étaient pour le succès de nos armes. La reddition de Paris a été une nouvelle pleine d'amertume; quelques-uns refusaient d'y croire, et comme en France on plaisante sur les choses les plus tristes, en voyant la date du placard qui l'annonçait, on disait: c'est un poisson d'avril. Le doute ne pouvait être de longue durée, et la certitude fut bientôt suivie d'indignation quand on connut l'accueil fait à l'ennemi par les Parisiens. Cependant la prise de la capitale blessait seulement les sentiments du peuple, elle humiliait l'honneur national et pouvait faire craindre pour son indépendance. Sous le rapport matériel elle nous était avantageuse; elle pouvait nous faire espérer la fin d'une lutte dont nous avions beaucoup soufferts, et dans le cas où cette lutte aurait continué, notre pays ne devait plus en être le théâtre. Malgré cela, on peut affirmer que l'immense majorité de la population aurait accueilli avec enthousiasme la nouvelle d'une défaite de l'armée ennemie, malgré tous les dangers qui nous eussent menacés dans une retraite qui pouvait, par les chances de la guerre, entraîner notre entière destruction.

Les évènements se succédèrent avec rapidité. L'abdication de l'empereur et son départ de Fontainebleau n'eurent à Châlons qu'un faible retentissement. Le retour des princes de la famille de Bourbon produisit plus d'effet. Dès les premiers jours d'avril le comte d'Artois arriva de Nancy et coucha à la préfecture. C'était le soleil levant, il a toujours des adorateurs. A ceux qui avaient connu et regrettaient l'ancien régime et qui devaient naturellement lui faire un bon accueil, se joignirent ceux qui voyaient avec satisfaction un nouvel ordre de choses succéder au régime impérial ; mais toute la jeune génération n'avait jamais entendu parler de lui et ne savait d'où il sortait, et les *hourrah !* des Russes qui l'escortaient n'étaient pas propres à lui attirer les sympathies populaires.

La paix n'était pas faite, mais la lutte était terminée, et les relations commençaient à se rétablir. On vit reparaître quelques soldats français. Le premier qui arriva fut un petit évènement, c'était un voltigeur, petit, mais alerte et vigoureux, parfaitement équipé et armé de toutes pièces, qui sortait de je ne sais où, probablement de Verdun. En descendant la rue Sainte-Croix avec son fusil sur l'épaule, la crosse en l'air, il fut l'objet de la curiosité empressée et sympathique de toute la population. Je le suivis avec beaucoup d'autres. Il se rendit à l'hôtel-de-ville, avec une démarche fière et assurée. Comme le perron et le vestibule étaient couverts de soldats russes qui formaient la garde, il s'avança sur eux, se fraya un chemin en les poussant à droite et à gauche, et ces soldats un peu étonnés se rangèrent pour lui faire place et le laissèrent passer sans résistance.

Bientôt on vit revenir de Paris des hommes licenciés qui rentraient dans leurs familles avec leur congé ; tous étaient d'anciens soldats qui professaient le culte de Napoléon ! exaspérés par la chûte de leur idole, et par les injures que lui prodiguait alors le parti royaliste ; ces soldats cherchaient à se consoler de leurs revers, en répétant des chansons à la louange de l'empereur, qui flétrissaient la trahison et attaquaient ou au moins raillaient le nouvel ordre de choses. La présence des étrangers et l'action de la police qui commençait à se réorganiser ne les intimidaient guères. D'ailleurs ils se voyaient appuyés par les sympathies populaires ; on s'attroupait autour d'eux, on les suivait et on applaudissait à leurs chants.

Ils allaient quelquefois plus loin, j'en ai vu arrêter des soldats prussiens et arracher les branches de buis qu'ils mettaient sur leurs schakos, en guise de laurier selon les uns, et selon d'autres comme manifestation religieuse. Je n'ai pas entendu dire que ces actes, poussés jusqu'à la violence, eussent donné lieu à des rixes sérieuses.

Dans le courant du printemps, les troupes alliées repassèrent par régiments : il fallait toujours les loger et les nourrir ; mais comme cela se faisait avec ordre et régularité, on trouvait les charges supportables, en les comparant à ce que l'on avait enduré les mois précédents. D'ailleurs ces passages ne durèrent pas très longtemps et notre pays fut bientôt débarrassé de la présence des étrangers.

L'ordre se rétablit partout. Le gouvernement nouveau était juste et doux. Par de bonnes mesures financières et par une grande loyauté à reconnaître et à payer les dettes de l'empire, il inspira de la confiance. Sous l'influence de la paix, le commerce reprit son essor ; les cultivateurs retournant aux travaux des champs avec énergie, regagnèrent le temps perdu, et trouvèrent à remonter leurs écuries en rachetant, à bas prix, des chevaux qui avaient été volés. Les maisons se reconstruisirent avec une rapidité merveilleuse. Grâces aux efforts de tous, gouvernants et gouvernés, et au ciel favorable qui accorda une récolte abondante ; dès la fin de l'été, les traces des désastres de l'hiver avaient disparu presque partout.

CHAPITRE IX.

Les Cent Jours.

L'année 1814 ne devait pas être le terme de nos épreuves. Cependant la France se relevait magnifiquement de ses revers; la prospérité renaissait de toutes parts et son nouveau gouvernement était juste, sage et modéré; mais il était venu avec l'étranger, s'il n'avait pas été imposé par lui; cette malheureuse origine le faisait voir d'un mauvais œil. On n'appréciait pas encore la liberté qu'il avait donnée; on ne lui tenait pas compte de ses efforts et du bien réel qu'il faisait, et on lui reprochait avec passion les fautes qu'il commettait: Eh! qui n'en commet pas! le roi sage et capable était impotent, ses infirmités le faisaient tourner en ridicule. L'armée s'était montrée si hostile à ce gouvernement qu'il ne pouvait pas se fier à elle; on chercha à modifier son esprit, en mettant beaucoup d'officiers à la demi-solde et en les remplaçant par d'autres pris dans les familles nobles et n'ayant d'autres droits et d'autres titres que leur dévouement aux Bourbons. Cette mesure augmenta beaucoup le mal et aigrit encore plus le cœur des soldats. Ces vieux grenadiers de la garde qui, dans cette dernière campagne, s'étaient couverts d'une gloire impérissable par la défense héroïque du sol de la patrie, avaient été éloignés de la capitale et remplacés par de jeunes nobles qui formaient la maison du roi sous les noms de gardes du corps, de mousquetaires et de gendarmes. Les vieux nobles, les émigrés, prenaient des airs de hauteur qui, aux yeux des gens sensés, les rendaient seulement ridicules, mais qui blessaient les masses avides d'égalité et inspiraient des craintes pour l'avenir. Le parti royaliste publiait, contre Napoléon, des pamphlets dans lesquels on épuisait tout le vocabulaire des injures; ce n'était plus seulement un despote et un tyran, mais un tigre altéré de sang, un monstre à figure humaine; on lui déniait jusqu'à son nom, les exaltés l'appelaient Nicolas. Dans ces écrits et dans ces chansons que l'on répandait dans le peuple, les soldats n'étaient pas épargnés davantage; ils étaient traités de suppôts de la tyrannie, de séïdes et de brigands : que l'on juge ce que devaient souffrir ces braves gens qui avaient combattu pendant vingt ans avec Napoléon et pour Napoléon, et ce peuple, pour qui l'empereur était un demi-dieu, qui ne pouvait pas apprécier sa politique et qui voyait en lui le plus grand capitaine du monde succombant sous la trahison de ses alliés, jaloux de sa puissance et de sa gloire et sous la défection de ses généraux, avides de jouir des richesses qu'ils tenaient de sa générosité. Ses malheurs l'avaient encore grandi dans l'opinion populaire, et les sublimes paroles des adieux de Fontainebleau avaient trouvé un grand retentissement dans tous les cœurs. Que l'on pense ce que ces injures répétées accumulaient de ressentiments et de haines, et l'on comprendra les évènements miraculeux du printemps suivant: on s'expliquera l'avidité avec laquelle étaient accueillis les bruits les plus incroyables, les prophéties de toutes espèces, et les chansons qui rappelaient la gloire de nos armes et relevaient les espérances de l'avenir. Les officiers à demi solde se distinguaient au-dessus de tous par leur exaltation; c'étaient eux qui propageaient les nouvelles, qui chantaient les couplets en vogue, dans lesquels on trouvait toujours, sous des allusions plus ou moins transparentes, le mépris du gouvernement des Bourbons, l'éloge de Napoléon et l'espoir de son retour. Il est une de ces chansons qui était répétée avec enthousiasme dans l'hiver de 1814 à 1815, dont je me suis toujours rappelé le dernier couplet qui était vraiment prophétique. Apres quelques allusions sur la violette qui était le signe de ralliement des napoléonistes et quelques comparaisons entre le drapeau blanc, la neige et l'hiver, elle se terminait par ces mots :

> Chez nous, mars est le maître,
> Il n'en faut pas douter,
> Dès qu'il va reparaître,
> L'hiver va se passer.
>
> Gai ! gai ! soyons joyeux,
> Le bon temps va renaître, etc.

Il fallait voir avec quel entrain on accueillait cette espérance ! Telle était, pour nos contrées, la disposition des esprits dans l'armée, dans la jeunesse et dans les masses populaires, au printemps de 1815.

Dans les premiers jours du mois de mars, le bruit se répandit tout-à-coup que Napoléon était rentré en France ; c'était le Moniteur qui annonçait qu'il était débarqué à Cannes et qu'il ne tarderait pas à subir la punition de cette insigne folie. A cette nouvelle, tout le monde tressaillit de surprise et personne n'éleva de doute sur le succès de l'entreprise. Quelques jours après, le Moniteur disait qu'il était fugitif, poursuivi, et qu'il ne pouvait manquer d'être bientôt tué ou arrêté ; mais en même temps, il mettait le fugitif hors la loi et il appelait aux armes les volontaires dévoués à la royauté. La seconde partie de l'article donnait un démenti à la première ; personne n'y fut trompé ; les premières espérances s'en trouvèrent, au contraire, grandement confirmées. Nous vîmes alors des mouvements militaires qui étaient loin d'annoncer la fin désirée par le Moniteur. Un corps d'armée se réunissait à Châlons sous les ordres du duc de Bellune. Les régiments d'infanterie et de cavalerie étaient cantonnés dans les villages voisins, et tous, par leur tenue et leurs propos, manifestaient des sentiments qui n'étaient pas rassurants pour les généraux chargés de les conduire à la défense de la royauté. Le gouvernement, en faisant appel au dévouement de ses partisans, aurait voulu organiser des corps de volontaires, mais presque personne ne se présenta. J'ai souvent entendu dire que, parmi tous les royalistes de notre ville, il n'y eut qu'un vieillard honorable, M. de Brancion, qui se montra décidé à partir comme simple volontaire et qu'il fut obligé de rester parce que, malgré son zèle et ses incitations, il ne trouva pas un second pour l'accompagner. D'ailleurs, qu'auraient pu faire ce petit nombre d'hommes dévoués contre toute l'armée se prononçant unanimement pour le parti contraire ?

Le général Rigaut commandait le département de la Marne. Le 20 mars, il fit venir à Châlons un régiment de chasseurs à cheval qui était cantonné à Sarry, pour le passer en revue sur la place de Ville ; un régiment de hussarps, cantonné à Fagnières, avait reçu également l'ordre de se tenir en bataille sur la grande route pour être aussi passé en revue. J'étais présent à cette revue de chasseurs qui formaient le carré autour de la place. Après avoir passé devant les rangs, le général revint au centre suivi des officiers ; je ne sais ce qu'il leur a dit ; mais il partit de ce groupe central qnelques cris confus de *vive l'empereur!* Les soldats, indécis, se regardaient en se demandant, qu'est-ce que l'on dit, qu'est-ce que l'on fait ? Mais alors, les lieutenants et les sous-lieutenants, qui étaient en serres-files, se baissant sur la tête de leurs chevaux, se mirent à crier vigoureusement, *vive l'empereur!* et aussitôt les soldats répétèrent ce cri en agitant leurs sabres en l'air. Dans le même moment, le régiment s'ébranla et s'élança au galop dans la rue de Marne : peu de temps après, il revint sur ses pas et traversa la ville pour retourner à ses cantonnements, en arrachant les plaques des schakos qui portaient les armes royales et les fleurs de lys, et en poussant unanimement le cri de *vive l'empereur!* Voici comment ces actes s'expliquent : le général Rigaut, en annonçant le retour de l'empereur et en proposant au régiment de se prononcer en sa faveur, n'avait pas trouvé, dans les officiers supérieurs, toute la décision qu'il aurait désirée, et les acclamations qui étaient parties du centre se ressentaient de ces tergiversations. Le général dut être un moment assez embarrassé. Ce ne fut qu'en entendant les cris francs et énergiques des soldats, qu'il donna ordre au régiment de le suivre et qu'il partit au galop par la rue de Marne. Tout le monde le suivit, mais en arrivant à la porte, les officiers supérieurs, qui avaient eu le temps de réfléchir pendant le trajet et de se concerter, s'arrêtèrent tout court, en laissant le général galoper en avant avec ses aides-de-camp; ils parvinrent à faire faire une contre-marche au régiment, pour le ramener vers ses cantonnements, dans les dispositions d'esprit que nous venons de faire connaître. Revenus à Sarry, les soldats causèrent des évènements avec les paysans; la journée se passa dans les cabarets; on s'échauffa, les têtes s'exaltèrent, et avant la nuit, les chevaux furent sellés malgré les ordres du colonel et bon gré mal gré il fallut monter à cheval et partir. Vers sept heures du soir, ce régiment traversa de nouveau la ville au galop, en faisant retentir le cri de *vive l'empereur!* avec un enthousiasme extraordinaire, et se dirigea sur Épernay pour rejoindre le général Rigaut.

Celui-ci, en passant devant le front du régiment de hussards qui, par ses ordres, était en bataille sur la route de Paris, l'avait entraîné avec lui jusqu'à Épernay, au cri de *vive l'empereur!* Alors se passa un fait assez drôle qui n'est pas rare dans les révolutions. A la première nouvelle de la défection du général Rigaut, le maréchal duc de Bellune donna l'ordre au commandant de la gendarmerie d'aller l'arrêter. Celui-ci part immédiatement pour mettre cet ordre à exécution. Mais en arrivant à Épernay, il trouva le général Rigaut ayant reçu déjà des instructions du gouvernement qui lui donne ordre, au nom de l'empereur, d'arrêter le duc de Bellune. Cet officier (M. Thomassin), revint à Châlons et apprit en arrivant que le maréchal était parti. Je ne connais ces faits que par ouï dire; je ne sais pas précisément le rôle de chaque personnage: ce qu'il y a de certain, c'est que le commandant de gendarmerie a été accusé et mis en jugement à raison de ces actes.

Le lendemain du départ des chasseurs, ce fut un régiment d'infanterie qui renouvela cette scène d'enthousiasme. Ce régiment, cantonné à Courtisols, avait éte appelé à Châlons, il avait appris ce qui s'était passé la veille, et tous les hommes, les soldats comme les officiers, s'inquiétaient de ce que l'on allait exiger d'eux. Le régiment fit une halte entre l'Épine et Châlons; alors les soldats entourèrent les officiers pour leur demander où allons-nous, que veut-on faire, etc.? les officiers, ne sachant que répondre, entourent le colonel en le pressant aussi de questions. Dans de tels moments, la position des chefs de corps est bien difficile: où est le bon parti, où est la sagesse, où est l'honneur, où est le devoir? Après un temps d'hésitation, le colonel, entraîné comme celui des chasseurs à cheval, par l'opinion non équivoque des soldats, prend le parti de se prononcer pour l'empereur. Le régiment accueille sa décision avec des transports de joie; il se remet en marche et rentre en ville par la porte Saint-Jacques, au cri unanime de *vive l'empereur!* répété par toute la population qui l'entourait. Ces acclamations étaient si bruyantes et si bien nourries qu'on les entendait des points de la ville les plus éloignés.

Le jour suivant, répétition des mêmes scènes sur un autre théâtre, c'était à l'école; le sous-directeur, M. Jeandeau, annonça aux élèves, aux professeurs et à tous les employés réunis dans la chapelle, le rétablissement de l'empire. Je fus témoin d'une scène que l'on ne voit pas deux fois dans la vie; à peine avait-il prononcé ces paroles que le cri de *vive l'empereur* s'échappa de toutes les poitrines, mais un cri formidable à faire crouler les voûtes; tous les bonnets de police lancés en l'air, et toutes ces mains élevées formaient le tableau le plus animé qu'il soit possible de voir; cette joie était un véritable délire.

Du reste, cet enthousiasme se retrouvait partout. Quand on proclama officiellement le rétablissement de l'empire, il faisait un temps affreux; il régnait une véritable tempête, le vent chassait des ondées de pluie avec tant de violence que les tambours et la musique ne pouvaient plus se faire entendre. Les rangs des gardes nationaux, rompus par la bourrasque, se reformaient et on marchait tête baissée contre le vent et la pluie, au cri de *vive l'empereur!* qui suppléait à tout. Dans tous les quartiers, dans les cafés, dans les cabarets et dans les réunions particulières, on entendait partout retentir les mêmes acclamations; enfin, dans ces soirées de printemps, les ouvriers parcouraient les rues en chantant des airs de circonstance dont les couplets étaient entrecoupés par ce cri enivrant. Pendant plus d'une semaine, il régna continuellement sur la ville un bruit confus tenant à ces acclamations qui s'élevaient, tantôt sur un point, tantôt sur un autre.

Après les premiers jours, quoique se manifestant avec moins de véhémence, l'enthousiasme se prolongeait, et cependant la situation commençait à se rembrunir. Dans les premiers temps, on annonçait de jour en jour le retour de l'impératrice et du roi de Rome; on se plaisait à dire que l'empereur d'Autriche, voulant conserver à son petit-fils le premier trône du monde, ne laisserait pas former une coalition nouvelle contre la France que l'Europe ne devait plus redouter. Les jours s'écoulaient et l'impératrice ne revenait pas; on voyait faire des préparatifs de guerre, on levait la conscription, on rappelait les vieux soldats, on formait des légions avec les gardes nationaux non mariés ou mariés sans enfants; on crénelait les murs de la ville, on fermait les brèches des remparts avec des palissades, et on élevait aux portes des fortifications de campagne; les élèves de l'école étaient exercés au service des canons qu'on leur avait envoyés.

Nous ne vîmes pas passer beaucoup de troupes, parce que c'était au nord, sur la frontière de la Belgique, que le danger était le plus pressant et que devaient être portés les premiers coups. A cette époque, en fait de passages de troupes, je n'ai été frappé que par l'arrivée des bataillons de gardes nationaux de la Côte-d'Or qui, dans le mois de juin, entrèrent en ville, en acclamant *vive l'empereur!* avec autant d'ardeur que les soldats de la ligne deux mois auparavant. Lorsque les bataillons de la Marne partirent pour Philippeville et pour Givet, un détachement de gardes nationaux, avec la musique, leur fit la conduite jusques vis-à-vis Ostende. Dans le moment où ils défilaient sur la route de Reims, au son du *Chant du Départ* ou de tout autre air national, un orage éclata, et, à la vue de tous, la foudre tomba à deux ou trois cents pas de là, sur une charrue qui était restée près de la route de Suippes. Je ne sais si les gens superstitieux ont relevé cette circonstance comme un funeste présage; toujours est-il que ce temps noir et ces éclats de la foudre donnaient à ce départ quelque chose d'imposant qui n'était pas gai.

CHAPITRE X.

Seconde Invasion.

La campagne commença par une victoire, et les bulletins de la bataille de Fleurus rappelèrent les temps heureux de nos triomphes et donnèrent des espérances qui ne devaient pas être de longue durée. Deux jours après, un fuyard de Waterloo annonçait le désastre. On ne voulut pas le croire; c'était un cuirassier qui donnait cependant des détails avec la précision et l'assurance de la véracité. Le peuple qui l'entourait repoussa ces nouvelles, l'appela menteur, traître, espion, et bientôt l'exaspération croissant, les actes et les mauvais traitements succédèrent aux menaces et on fut obligé de faire entrer ce pauvre soldat dans l'hôtel-de-ville et d'en fermer les grilles pour le soustraire aux violences du peuple. Le lendemain, il n'y avait plus moyen de mettre la vérité en doute. D'autres fuyards étant venus confirmer les récits de la veille, on apprit que l'empereur avait traversé la ville de Reims pour retourner à Paris, et les journaux, sans faire connaître toute l'étendue du mal, parlaient d'un revers. On fut atteré, et de suite se présentèrent à l'esprit, toutes les misères de la première invasion. Les jours suivants, on vit arriver des blessés, l'hôpital ne suffisant plus pour les recevoir, on les plaça à Ostende, et pendant huit ou dix jours, tout mon temps fut employé à faire des pansements. Tous ces hommes avaient été blessés à Fleurus et ne pouvaient donner aucun renseignement sur ce qui s'était passé. Un blessé, d'un ordre plus élevé, le général Saint-Remy, qui était aussi revenu à Châlons après avoir reçu trois coups de lance dans la journée du 16, était déjà trop éloigné du champ de bataille le 18 pour rien savoir de précis sur l'affaire de Waterloo; il ne la connaissait que par les rapports plus ou moins confus des fuyards qui avaient marché plus vite que les blessés. Étant placés en dehors de la ligne de retraite, nous n'avons vu, comme conséquences directes de ce désastre, que ces blessés et quelques hommes isolés qui désertaient leur corps. On attendait tristement et avec résignation l'occupation étrangère contre laquelle rien, désormais, ne pouvait nous défendre.

Le général Rigaut, qui commandait la ville, n'avait sous ses ordres que le dépôt du 12e régiment de ligne formé de quarante ou cinquante hommes au plus, à la tête desquels se trouvait un jeune adjudant-major, nommé Senaud. Plus une compagnie formée par les élèves de l'école, assez forts pour porter les armes, auxquels on avait appris depuis deux mois l'exercice du canon : cette compagnie avait pour officiers, les aspirants, et pour sous-officiers, quelques jeunes gens qui avaient fait la campagne de 1814, et qui étaient rentrés à l'école parce qu'ils n'avaient pas encore atteint l'âge d'en sortir. C'est à ces deux faibles détachements et à quelques gendarmes que se réduisaient les moyens de défense de la ville.

Le 1er juillet, vers six heures du soir, on annonça l'apparition de l'ennemi qui arrivait par la route de Suippes. Je courus vers le rempart et je montai sur la butte qui existait au bout de la rue Porte-Murée. Cette butte était armée de deux pièces de canon, gardées par un élève en faction. Je lui fis connaître le bruit qui courait en ville, il refusa d'y croire; cependant, peu à peu le rempart se garnissait de curieux qui jetaient des regards inquiets sur la campagne, et ce fut une vielle femme qui s'écria la première, voilà un cosaque! bientôt on les aperçut sur plusieurs points et on vit les cultivateurs qui étaient disséminés dans les champs, s'efforcer de regagner la ville avec toute la vitesse de leurs chevaux. Notre jeune factionnaire ne douta plus, et perdant un peu la tête, il abandonna son poste et ses canons pour descendre le rempart à toutes jambes et aller prévenir le poste qui était à la porte Saint-Jean. Le chef de poste revint avec lui, suivi de quelques hommes; c'était un sergent du 12e de ligne, qui chargea aussitôt une des pièces et envoya un boulet aux éclaireurs ennemis les plus avancés; ils ne furent pas atteints, seulement ils furent avertis que l'on avait quelques moyens de défense. En même temps, on fit sortir par la porte Saint-Jacques, la brigade de gendarmerie à cheval pour éloigner ces avant-coureurs et faciliter la rentrée des cultivateurs qui, dans ce moment, commençaient la moisson. Bientôt la nuit survint; les cosaques se retirèrent en remettant leur attaque au lendemain. Cette nuit se passa dans l'inquiétude et dans la crainte du lendemain, puisqu'il fallait s'attendre à tout.

Le 2 juillet, avant quatre heures du matin, le canon retentissait et un boulet venait tomber dans la rue Saint-Nicaise, en laissant sa trace sur la façade de la maison de M. Ducauzet. L'ennemi s'était présenté aux portes dès la pointe du jour. Pendant la nuit, la petite troupe française, reconnaissant l'inutilité d'une défense qui ne pouvait avoir d'autre résultat que d'attirer sur la ville des calamités, avait fait ses préparatifs de départ. L'embarras était d'enlever les canons qu'elle ne pouvait pas, qu'elle ne devait pas laisser à l'ennemi. Ces pièces n'étaient pas attelées et le général ne pouvait avoir des chevaux que par réquisition; il les avait demandés pour minuit et ils n'arrivèrent qu'à deux heures du matin; avec les lenteurs inévitables dans ces attelages irréguliers, le départ n'eut lieu qu'à trois heures, en sorte que cette petite colonne était à peine hors de la porte de Marne, quand l'ennemi se présenta à la porte Saint-Jacques.

La petite troupe française était formée par la brigade de gendarmerie qui était en tête avec le général dans sa voiture; par les canons entourés des élèves attachés à leur service et par le dépôt du 12e de ligne formant arrière-garde. Voulant gagner Vitry, elle se dirigeait sur cette ville par la rive gauche de la Marne en suivant la route de Coolus. L'ennemi qui se présentait devant la ville était un corps de cavalerie assez nombreux précédant les armées russes et bavaroises. Il battait la campagne probablement pour établir ses communications avec l'armée prussienne qui traversait le département des Ardennes; il était formé de 1,000 à 1,200 cosaques et de trois ou quatre cents chevaux légers bavarois commandés par l'officier russe Ckernicheff qui s'était fait un nom comme chef de partisans dans les campagnes précédentes. Cet officier savait très bien tout ce qui se passait en ville et le peu de monde qui était resté pour la défendre: attendu que, dans la nuit, un transfuge était sorti de la ville pour aller le trouver, et que ce transfuge rentra à la tête de ses escadrons le lendemain matin.

Aussitôt que l'ennemi se présenta à la porte Saint-Jacques, l'autorité municipale se hâta de la faire ouvrir avec un empressement qui lui fut bien reproché. Probablement le maire pensait qu'en ne faisant aucune tentative de résistance, en allant, pour ainsi dire, au-devant de l'ennemi, on pourrait en obtenir les meilleures conditions possibles, mais les faits ont été commentés dans un tout autre sens. Les autorités municipales, nommées par la Restauration en 1814, appartenaient à l'opinion royaliste; elles avaient des rapports assez froids avec le général Rigaut qui tenait pour le parti contraire. On a dit qu'elles avaient tant tardé à fournir les chevaux requis pour emmener l'artillerie et qu'elles s'étaient tant hâtées d'ouvrir les portes pour se venger de la journée du 20 mars et pour faire prendre le général prisonnier. Qu'il y ait eu erreur, mal entendu ou mauvais vouloir, il est certain que cette précipitation a eu les conséquences les plus fâcheuses pour notre ville et qu'elle a fait perdre à M. de Chamorin la popularité qu'il avait acquise en 1814.

Aussitôt que la porte Saint-Jacques fut ouverte, un escadron traversa la ville au galop; j'étais sur le perron de l'hôtel-de-ville, avec une trentaine de personnes, au moment où il passa sur la place et s'engagea dans la rue de Marne sans s'arrêter et sans commettre aucun acte d'hostilité. En sortant de la ville, il prit une fausse direction et ne reconnut son erreur que lorsqu'il fut à une certaine distance; alors galoppant à travers champs, il se rabattit si brusquement sur la tête de la petite colonne française que le général Rigaut fut pris dans sa voiture. Il faut convenir qu'il avait bien mérité cet échec. On ne comprend pas que, si près de l'ennemi, un chef s'endorme dans sa voiture, au lieu de veiller à la sûreté de la troupe qu'il commande, d'éclairer sa marche et de se tenir prêt à répondre à toutes les éventualités qui peuvent se présenter. A cette attaque subite, les élèves se débandèrent; plusieurs furent blessés, d'autres furent faits prisonniers et une partie gagna Compertrix et traversa la Marne au gué, sous la protection des sous-officiers et des plus grands qui, ayant déjà fait la guerre, ne s'étaient pas démoralisés. S'étant réunis ils avaient ouvert un feu de tirailleurs assez bien nourri pour arrêter les cosaques. Quand leurs camarades furent en sûreté sur l'autre rive de la Marne, ils passèrent la rivière à leur tour, sans être poursuivis par l'ennemi, et rentrèrent en ville par le Jard.

Le dépôt du 12e de ligne, qui formait l'arrière garde, ne se dispersa pas comme les élèves; il fit, au contraire, très bonne contenance ; il opéra sa retraite en bon ordre, et revint sur la ville avec l'artillerie. Aussitôt rentré, l'adjudant-major, furieux, et accusant la trahison, se mit en mesure de se défendre vigoureusement. Il distribua à toutes les portes, ses hommes réunis aux élèves qui étaient rentrés en ville, et utilisa son artillerie. L'escadron ennemi qui les avait attaqués sur la route de Coolus, tâcha de pénétrer en ville derrière eux ; mais il trouva de la résistance ; un des cavaliers cosaques s'étant avancé dans la rue de Marne, fut tué vis-à-vis la maison de M. Ecoutin. Voyant cette rue défendue par du canon, l'ennemi renonça à en forcer l'entrée ; il descendit sur la rive gauche de la Marne, jusqu'au dessous de Saint-Martin, en traînant derrière lui les prisonniers et les blessés. A cette époque de l'année, la rivière était guéable dans beaucoup d'endroits ; les cosaques la passèrent sans difficulté aux environs de Recy, et ce fut le curé de ce village qui recueillit les élèves blessés et leur donna les premiers soins. Pendant ce temps, le corps de cavalerie qui n'était pas encore entré en ville, voyant les portes se refermer et les soldats français se préparer à les défendre, fit ses dispositions d'attaque. Il y avait, entre la porte Saint-Antoine et la rue du Collége, une butte de terre fort élevée, faisant partie du rempart. Dans les années précédentes, cette butte avait été attaquée du côté du moulin, en sorte qu'il existait une brêche au rempart, près de la porte Saint-Antoine, et cette brêche avait été fermée par des palissades. C'est sur ce point que l'ennemi dirigea sa principale attaque. Les chevaux-légers bavarois mirent pied à terre, traversèrent le fossé, gravirent le revers, arrachèrent la palissade et pénétrèrent en ville par cette brèche, sans beaucoup de difficulté, puisqu'elle n'était défendue que par une douzaine d'hommes, qui ne pouvaient résister longtemps à deux ou trois cents assaillants. Une fois en ville, ils ouvrirent la porte Saint-Antoine qui donna passage à la cavalerie.

Mon père, apprenant que les élèves étaient rentrés en ville, m'envoya à l'école pour savoir s'il était revenu des blessés ; Je ne trouvai personne à l'infirmerie et en traversant la grande cour de l'école, j'entendis une vive fusillade qui paraissait très rapprochée et me fit hâter le pas pour rentrer au plus tôt. En arrivant sur le quai, je vis à travers la fumée qui s'élevait de l'autre côté du canal, à l'extrémité de la rue des Meules et de la rue Saint-Lazare, les soldats bavarois qui faisaient un feu de mousqueterie bien nourri. L'aspect de la ville était des plus tristes ; depuis l'école jusqu'à la rue Saint-Nicaise, je n'ai pas rencontré une seule personne ; toutes les portes et toutes les boutiques étaient fermées ; on entendait de tous côtés les coups de marteaux des habitants, qui barricadaient leurs portes et consolidaient leurs devantures. Le retentissement de ces coups dans les rues solitaires, réuni aux détonnations de la fusillade, avait quelque chose de sinistre et de bien effrayant. Je courais de toutes mes forces, pour regagner la maison, et bien me prit de ne pas m'amuser, car en arrivant au carrefour des Teinturiers, je vis les cosaques arrivant par la rue Sainte-Croix, et je n'eus que bien juste le temps de rentrer. L'ennemi parut presqu'instantanément dans toutes les rues principales de la ville, et cependant je ne crois pas que toutes les portes aient été enlevées de vive force. Je pense que pendant que les défenseurs de la porte Saint-Antoine, ne cèdant le terrain que pied à pied, disputaient opiniatrement le quai aux assaillants qui avaient pénétré par la brèche; les cavaliers qui étaient entrés par la porte, contournèrent le rempart, se présentèrent successivement aux portes Saint-Jacques, Saint-Jean et Sainte-Croix, en éloignèrent facilement les rares défenseurs, et les firent ouvrir aux escadrons qui pénétrèrent en ville de tous côtés. Nos soldats embusqués dans les rues des Viviers et de la Comédie, dirigeaient sur le passage étroit du quai Sait-Antoine un feu assez bien nourri pour arrêter l'ennemi, lequel leur répondait des rues des Petites-Meules et Saint-Lazare. C'est ce combat que j'ai vu du quai de l'Ecole, qui a donné le temps à la cavalerie de faire le tour de la moitié de la ville, et qui m'a permis de rentrer chez mon père sans encombre.

Cette résistance ne pouvait pas être de longue durée; menacés d'être cernés de tous côtés, ces soldats expérimentés, pensèrent à leur salut; ils rentrèrent dans les maisons et disparurent. Les armes et les habits furent cachés; on leur donna des vêtements bourgeois, les moustaches furent coupées, et ils échappèrent presque tous aux recherches de l'ennemi. Je n'ai pas entendu parler de prisonniers, de morts ou de blessés.

La population n'a pas été aussi heureuse; la ville avait été positivement prise d'assaut et elle en subit les conséquences. Pendant plusieurs heures elle fut livrée au pillage; Russes et Bavarois frappaient indistinctement tous ceux qu'ils rencontraient sur leur passage; brisaient les portes pour entrer dans les maisons; tiraient des coups de pistolets sur les fenêtres par lesquelles il aurait été très imprudent de se montrer. Cependant il n'y a pas eu de grands malheurs dans notre quartier. A peine étais-je rentré chez mon père que les cosaques que j'avais apperçus dans la rue Sainte-Croix, rencontrèrent près du pont des Teinturiers un homme bien inoffensif, M. Chalette, qu'ils arrêtèrent pour lui distribuer une volée de coups de knout, dont il a dû longtemps conserver le souvenir. Cependant, si rude qu'ait été la rencontre, il était encore heureux qu'ils aient choisi le knout de préférence au sabre, à la lance ou au pistolet. Quelques hommes mirent pied à terre devant la porte de M. Bonnefin, et l'enfoncèrent pour pénétrer dans la maison ; après un assez court séjour, ces pillards en sortirent ; alors, avec un courage assez rare dans de telles circonstances, le père Vauthier fit un acte de bon voisinage. Aussitôt la maison évacuée, il ne voulut pas laisser M. et Mme Bonnefin, ses vieux et excellents voisins, à la merci de tous ceux qui passaient ; on le vit traverser la rue, en courant, avec des planches sous le bras et un marteau à la main, pour réparer la porte et fermer la maison. D'autres portes furent encore forcées dans le quartier, entre autres celles de M. Guérin et de M. Lhote ; on leur prit différents objets, mais, en somme, les pertes ne furent pas considérables.

Il n'en fut pas de même des personnes qui ont eu plus à souffrir que les propriétés ; de tous côtés il y eut des victimes. M. du Cauzé de Nazelle, commandant de la garde nationale, qui était sur le perron de l'hôtel-de-ville, agitant un mouchoir blanc, au cri de *vive le roi !* fut percé d'un coup de lance par un cosaque venant de la rue Saint-Jacques, et mourut presque immédiatement. M. de Porlier eut le bras fracassé par une balle, en faisant la même démonstration. Un nommé Brisson, presque aveugle, reçut dans la rue des Viviers un coup de sabre, qui entraîna la nécessité de lui couper le bras. Un dame Frémin eut le corps traversé par une balle dans la rue Sainte-Croix, et M. Valleret reçut, dans le ventre, une balle tirée sur sa porte, dans la rue de la Boule-Blanche. J'ai toujours entendu porter à soixante le nombre des victimes civiles de cette malheureuse journée, qui a été plus fâcheuse que celle du 4 février 1814, et tous ces malheurs ont été la conséquence de l'empressement de nos autorités à ouvrir les portes ; il était facile de gagner une heure en temporisant, et cette heure suffisait pour donner le temps aux Français de s'éloigner, peut être d'échapper à la poursuite des cosaques et en tous cas pour transporter le champ du combat hors de nos murs. L'école des arts fut presque l'objet d'un siège ; les ennemis s'y portèrent en grand nombre et voulurent y entrer de vive force ; après avoir tiré un grand nombre de coups de pistolets sur les fenêtres, ils amenèrent du canon pour enfoncer les portes. on ne céda pas, on parlementa et elles ne furent pas forcées. Les élèves rentrèrent isolément, les blessés y furent reconduits, et les Russes ne gardèrent prisonniers que les officiers aspirants, qui furent emmenés avec le général Rigaut jusqu'à Francfort. Enfin, vers dix heures du matin, toute lutte avait cessé, les cosaques établirent leurs bivouacs sur la place de Ville et dans les rues principales; l'ordre se rétablit et pendant quelques jours il règna un calme complet.

Une autre grande épreuve nous attendait. Toute l'armée bavaroise tomba inopinément sur nous; arrivant de Bar par la chaussée romaine et le chemin de Poix; elle avait évité Vitry qui restait au pouvoir des Français. Cette armée se composait de 60 à 70,000 hommes, parfaitement organisés, qui traversèrent la ville en entrant par la porte Saint-Jean, pour sortir par la porte de Marne. Par conséquent, ils défilèrent tous dans la rue Saint-Nicaise. La chaleur était excessive, et plusieurs soldats tombèrent asphyxiés au milieu des rangs; ils demandaient à boire avec instances et les habitants apportaient des sceaux d'eau fraîche sur les portes, mais les officiers employaient tous leurs efforts pour les empêcher d'en faire usage. Dix ou douze mille hommes d'élite restèrent en ville et furent logés chez les habitants ; chaque maison en reçut douze à quinze, et tout le reste alla bivouaquer dans la plaine de Fagnières. Quelques heures après les vivres manquèrent ; il n'y avait ni magasins, ni approvisionnements. Le passage d'une armée aussi nombreuse n'avait pas été annoncé et personne ne s'était mis en mesure de la recevoir. Aussi, dès la fin du jour de son arrivée, tout ce qu'il y avait de vivres préparés et tout ce qu'il y avait de pain cuit avait été absorbé par ceux qui étaient logés dans chaque maison, et ceux qui étaient au bivouac manquaient de pain au milieu d'un pays où tout abondait. Il fallait un grand effort pour suppléer à cette pénurie temporaire et pour suffire aux besoins du moment ; on y arriva par la peur. Le général de Vrede, qui commandait cette armée, menaça de livrer la ville au pillage si, dans tant d'heures, il n'avait pas ce qu'il demandait. On fit connaître cette menace aux habitants, à son de caisse, par le tambour de ville. Tout le monde s'empressa de porter à la mairie ce qu'il pouvait fournir, et en une heure la salle du tribunal civil fut encombrée de dons de toute espèce ; le vin fut trouvé facilement ; on prit les vaches des cultivateurs ; on avait du grain en abondance, de la farine pour quelques jours, mais ce n'était pas du pain ; les boulangers se mirent en demeure de pourvoir aux besoins, en cuisant nuit et jour. Avec le concours de tous, en se gênant beaucoup, on parvint à satisfaire les besoins du premier jour, et le lendemain on put fournir ce qui était nécessaire sans difficulté. On a beaucoup crié après cette menace ; cependant elle fut efficace, et c'était peut être le seul moyen à employer dans la circonstance. On a dit, et j'ai toujours regardé ce bruit comme une absurdité, que les Bavarois avaient fait cette demande pour trouver un prétexte au pillage et qu'ensuite ils avaient jeté ces vivres dans la rivière. On ne se rendait pas compte de ce qu'il fallait de vivres pour alimenter une armée de 60,000 hommes, et cependant, en voyant la consommation des dix ou douze mille hommes qui étaient en ville, on pouvait juger du reste.

Après deux jours de repos, cette armée se remit en marche sur Paris, par la route de Montmirail. Après son départ, les curieux allèrent visiter ses bivouacs, et on put voir que les soldats avaient trouvé le chemin des caves de M. Jacquesson ; la plaine était jonchée de bouteilles de Champagne qu'ils n'avaient pas su déboucher et dont ils avaient cassé le col.

C'est le seul corps que nous ayions vu passer sur le pied de guerre ; il a été suivi de toute l'armée russe dont les régiments arrivaient successivement après avoir été annoncés. Tout se faisait avec ordre ; ils recevaient des billets de logement et devaient être nourris par les habitants ; on les attendait et on était disposé à les recevoir ; c'était toujours une charge pesante, mais elle n'était pas intolérable. C'est pendant ces passages que j'ai vu un fait sur lequel on a fait beaucoup de plaisanteries ces années dernières. Au sein de l'abondance, quand ils avaient à profusion des vivres de toute espèce, j'ai vu des soldats russes manger de la chandelle. On ne peut pas disputer des goûts, celui des cosaques pour le suif peut nous paraître bien extraordinaire, mais il existe.

Ce n'était plus la guerre, c'était pour l'ennemi une promenade militaire, et nous assistions tristement au spectacle de leur triomphe, de leurs joies et de leurs fêtes. Notre pays était occupé par le corps d'armée de Barclay de Tolly, qui avait établi son quartier général à Châlons, et avait pris sa résidence à la préfecture. Tous les soirs la musique d'un régiment allait jouer dans le jardin. C'est là que nous avons pu entendre cette harmonie mélancolique, produite par des cornets de toutes les dimensions, depuis vingt-cinq ou trente centimètres jusqu'à trois mètres de longueur. Trente ou quarante musiciens avaient chacun un de ces instruments simples duquel il ne pouvait tirer qu'un petit nombre de notes ; il fallait dans l'exécution beaucoup d'ensemble et de précision ; tous les morceaux étaient lents, graves et même tristes, mais ils étaient mélodieux et cette harmonie avait son mérite. Nous avons vu aussi des régiments de cosaques précédés de chanteurs ; au lieu d'avoir en tête un peloton de musiciens comme dans nos régiments, ce peloton était sans instruments, et chantait, ayant pour accompagnement quelques siffleurs. Ces chœurs faisaient une musique assez monotone qui, exécutée en plein air, ne produisait pas grand effet.

Je sais que les trois grands souverains du nord se sont trouvés ensemble et ont couché à Châlons, l'empereur Alexandre chez M. de Chamorin, le roi de Prusse chez M. de Gauville, rue Saint-Jacques, et l'empereur d'Autriche chez M. de Rebel, place de la Comédie. Je ne les ai pas vus, mais je me suis trouvé sur le passage des grands ducs Nicolas et Michel qui arrivaient escortés d'un régiment de cavalerie russe. Nicolas, qui devint cet empereur qui a joué un si grand rôle en Europe pendant ces trente dernières années, était un beau jeune homme qui pouvait avoir dix-huit ans ; il a conservé longtemps ce mérite, puisque peu de temps avant sa mort on disait encore qu'il était le plus bel homme de son empire. Son frère Michel paraissait de quelques années plus jeune. Les soldats qui l'escortaient poussaient des *hourrah !* avec un ensemble qui faisait voir que ces acclamations étaient dictées par un mot d'ordre plutôt que par l'enthousiasme.

A cette même époque, j'ai été témoin d'une scène assez bizarre, au passage d'un autre frère de l'empereur de Russie, du grand duc Constantin. Il avait couché à la préfecture, une forte garde de cent grenadiers au moins stationnait dans la rue Sainte-Croix, depuis la porte de l'hôtel jusqu'à la rue Jessaint, leurs armes étaient en faisceaux, et des voitures attendaient dans la cour. A un signal donné tous ces hommes se sauvèrent dans la rue Jessaint en laissant leurs armes, et un vieux sergent, placé au coin du mur, épia ce qui se passait dans la rue

Sainte-Croix. Les voitures sortirent de la préfecture et se dirigèrent du côté de la porte. Quand elles furent à une certaine distance, les grenadiers sortant de leur cachette vinrent reprendre leurs armes. Je ne me suis jamais expliqué cette singulière manière de rendre les honneurs militaires à un prince du sang impérial.

Pendant cet été, on ne vit pas un soldat français, tant que l'armée réfugiée au-delà de la Loire ne fut pas licenciée. Une fois cependant on fut surpris par l'arrivée d'une troupe française; c'étaient les débris d'un bataillon de gardes nationaux qui avaient défendu Philippeville. Comme ils étaient sortis de la place avec les honneurs de la guerre, ils avaient leurs armes et ils ramenaient deux pièces de canon. Les armes ont été déposées à la mairie et je ne sais ce que sont devenus les canons.

La réunion de toute l'armée russe au camp de Vertus fut encore un évènement qui multiplia les passages de troupes et par conséquent les charges des habitants; je ne suis pas allé voir cette revue.

On était trop accablé pour s'occuper beaucoup de ce qui se passait au-dehors. Les tristes conséquences de cette seconde invasion qui se développaient à Paris d'une manière si dure et si humiliante n'avaient qu'un faible retentissement. L'annonce même de la déchéance de Napoléon et de sa translation à Saint-Hélène, n'a été qu'un bruit pénible et lointain; on s'attendait et on était résigné à tout.

L'occupatiou fut plus lourde et plus prolongée que l'année précédente; ce ne fut que dans le mois de novembre que notre département fut débarrassé de la présence des troupes étrangères. Ainsi, au point de vue local, l'invasion de 1815 fut, sous tous les rapports, plus fâcheuse que celle de 1814. Elle fit plus de victimes au début; s'il n'y eut pas de villages démolis, toutes les campagnes eurent à souffrir des cantonnements continuels. En ville, des logements de guerre, sans interruption, pendant cinq mois, épuisèrent les ressources de beaucoup de familles. Une autre circonstance bien malheureuse, c'est que l'année suivante fut signalée par le manque absolu de récoltes; des pluies torrentielles ont perdu tout. Pendant tout le mois de juillet, la plaine du Jard a été inondée. L'épi seul des blés s'élevait au-dessus de l'eau et on voyait cette eau, filtrée à travers les chaumes, retomber dans le canal claire et limpide. La récolte des vignes a été absolument nulle. Les grains ont été si rares et de si mauvaise qualité que le prix s'est élevé jusqu'à cent francs l'hectolitre et demi. La disette fut presqu'une famine. Ajoutez les réactions politiques, la défiance ombrageuse du pouvoir et les passions du parti dominant, tout contribuait à rendre la situation des plus affligeantes.

Avec le temps, tout s'améliora; l'abondance revint avec une bonne récolte; la sagesse du gouvernement écarta les réacteurs du pouvoir, pour y appeler des hommes modérés; l'occupation étrangère cessa; la prospérité revint et les maux passés furent bientôt oubliés. Malheureusement le souvenir des injures prodiguées par l'esprit de parti à l'armée et aux amis de l'empire ne s'oublièrent pas aussi vite. Les cœurs étaient profondément ulcérés. Le nom de Napoléon s'effaça bien un peu et son prestige ne resta tout puissant que pour les anciens soldats. Pour la jeune génération, il fut remplacé par celui de la liberté qui n'était cependant pas son synonime. L'aversion pour le gouvernement imposé par l'étranger augmenta; en prenant pour drapeau, la patrie, la liberté, la gloire nationale, l'opposition à ce gouvernement grandit, se régularisa; et sous une forme différente, les esprits se préparèrent à de nouvelles révolutions.

TABLE DES MATIÈRES.

CHALONS-SUR-MARNE. — IMPRIMERIE E. LAURENT.

www.ingramcontent.com/pod-product-compliance
Lightning Source LLC
LaVergne TN
LVHW020412230826
846091LV00004B/1253
9782012465466